斉藤謡子の

いつも心地のよい服とバッグ

はじめに

今回紹介する洋服とバッグは、
私が自分自身のために作ったものです。
私は〝手早く着られて体のラインが出ない洋服〟が
好きなのですが、1枚作って気に入れば、
それを基準にえりぐりを詰めたり、
そでつけ位置をかえたりしながら、
同じものをもう1枚、生地をかえてもう1枚と、
何度も修正を繰り返します。
そうして完成した洋服は本当に着心地がよくて
動きやすく、毎日着ていたいものばかり。
バッグも洋服と同じ。使い勝手がよく、
見た目もすてきになるように素材を選び、
デザインを考えています。この中の1作品でも、
皆さんにとって心地のよい1着、
1点になれば幸いです。

斉藤謠子

Contents

WEAR

BAG

ACCESSORY

COLUMN

HOW TO MAKE

ラウンドネックの
チュニック

a

肌触りのよいダブルガーゼで、プルオーバーのチュニックを作りました。長そでですが、作業がしやすいようにそで丈を8分丈にしています。重ね着をして、そでからのぞくインナーをアクセントにしてもいいですね。とにかく心地のよい1枚です。

▶ 作り方 49ページ

b

同じデザインの半そでタイプです。
そで丈は二の腕をしっかり隠せる
丈に。

▶ 作り方 49 ページ

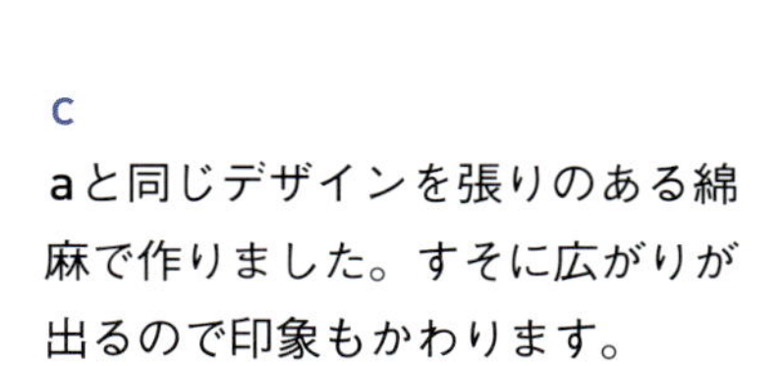

c

aと同じデザインを張りのある綿
麻で作りました。すそに広がりが
出るので印象もかわります。

▶ 作り方 49 ページ

タック入りチュニック
刺しゅう入りストール

4ページのチュニックaと同じ型紙を使いますが、前中央にタックを取り、両わきにスリットを入れました。綿ローンの透け感が涼しげな1着です。共布のストールは、チュニックの残り布で作りました。

▶作り方 53ページ

ストールに施したラウンドモチーフの刺しゅうは、日頃描きためていた図案。全部で20種類あります。薄手で淡い色の生地なので白糸1本どりでさりげなく刺しました。1本どりは糸が割れたりよれたりしにくいので、意外と刺しやすいんですよ。

▶ 作り方 53ページ

ラグランそでの
ワンピース

a

Aラインのワンピースは腕が動かしやすいラグランそでに。私のようななで肩の人には特におすすめのデザインです。ラグランそではそで山、そでぐりのカーブがないので、通常のそでつけよりも仕立てが簡単。わきポケットが便利です。

▶作り方 60 ページ

b

aと同じデザインですが、えりぐりを見返しではなく切り替え布にして変化をつけました。

▶ 作り方 60 ページ

脱ぎ着がしやすいように、後ろにあきを作っています。

バルーンワンピース

手持ちの服を並べて、自分はどんな服を着たいかな？ と考えて作ったワンピースです。身幅をゆったりとさせながらそでつけ位置を上げることで、すっきりとした印象になるんですよ。そで丈を少し短めにした、軽やかなワンピースです。

▶ 作り方 63 ページ

バルーン形のデザインを考えたときに、この布で作ろうとひらめきました。少し奇抜なデザインに思えるかもしれませんが、エレガントにも、パンツと合わせてカジュアルにも、着回しできるアイテムです。

Vネックのチュニック

a

前中央に着物の合わせのようなV字のタックを入れました。Vネックは顔まわりをすっきりと見せてくれるんですよ。ふわっと感のあるAラインで、身幅にはタック分のゆとりもあるので体を楽に動かせます。

▶作り方 66ページ

えりのV字に沿ってさりげなく草花の刺しゅうを入れました。

b

12ページのチュニックを長そでにアレンジ。厚みのある生地を使うとほどよい落ち感があり、女性らしいドレープが生まれます。着丈が長めなので1枚で着てもいいですね。深いグリーンはフォーマルな雰囲気も似合います。

▶ 作り方 66 ページ

Column

斉藤謠子流コーディネート

**チュニックやワンピースは
いつもこんなふうに着ています。**

A ラグランそでのワンピース（8ページ）＋ブローチ（46ページ）＋白のパンツ

少し長めの丈のワンピースに足首が見えるくらいの白いパンツを合わせてすっきりと。ブローチは41ページのバッグ（黒）の残り生地で作ったものです。

B Vネックのチュニック（14ページ）＋黒のワイドパンツ

グリーンのチュニックに黒のワイドパンツでシックにまとめました。アクセサリーは大ぶりのものが似合うと思います。

C バルーンワンピース（10ページ）＋同系色の細身パンツ

バルーンワンピースには細身の8分丈パンツを合わせてカジュアルに。グラデーションを壊さないように、同じ色みの濃い色を合わせました。

A

B

C

ロング カーディガン

a

前あきのロングカーディガンは、さっと羽織るだけでコーディネートが決まる便利なアイテムです。私がいつも着ているチュニックの丈に合わせて少し長めに作りました。これは綿麻ですが、秋冬用にウール素材で作ってもいいですね。ポケットは袋布の1枚仕立てなので簡単です。

▶ 作り方 68ページ

何にでも合わせやすいひざ下丈。わきに入れたスリットで足さばきをよくしています。

ストールのような1枚仕立てのえりは、日焼けや寒さ対策にもなります。

スタンドカラーのブラウス

a

えりの詰まったブラウスが欲しくて作りました。小さなスタンドカラーですが、首に沿うようにデザイン。えりぐりにギャザーを寄せて身幅をたっぷり取っています。パンツにもスカートにも合うブラウスです。

▶作り方70ページ

スタッフにも好評で、布違いで
何枚も作りました。

後ろのあきには、柄のイメージに
合わせたボタンをつけて。

Tシャツ風ブラウス

a

ゆったり楽に着られて、でもだらしなく見えない。そんな服を作ってみました。オーバーサイズのようですが、そでを細めにしたのでもたつかず、違和感なく着こなせます。素材は吸水性、通気性のよいダブルガーゼを使っています。

▶ 作り方 72 ページ

20ページのバックスタイル。
わきのスリットとヒップまで
隠れる着丈がポイントです。

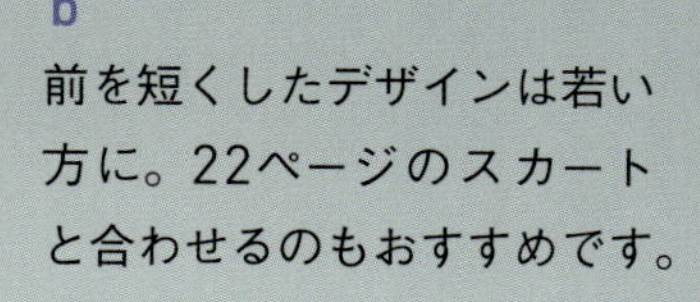

b

前を短くしたデザインは若い
方に。22ページのスカート
と合わせるのもおすすめです。

▶ 作り方 72 ページ

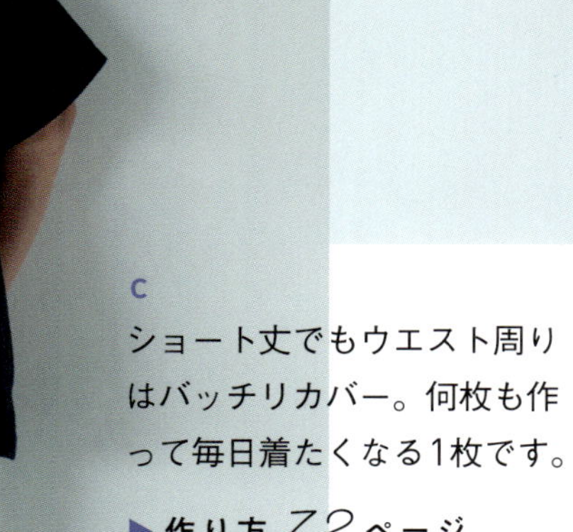

c

ショート丈でもウエスト周り
はバッチリカバー。何枚も作
って毎日着たくなる1枚です。

▶ 作り方 72 ページ

タックスカート

グラデーションが美しい青い段染めの木綿地を横地に使ったスカート。ウエスト全体にタックを取っているので、おなかまわりがすっきり見えます。すそに配した黒の別布が全体を引き締めています。

▶作り方 74 ページ

ペタンコバッグ

スカートの共布で作ったシンプルなバッグ。実は、この生地を見たときに最初に作りたかったのはバッグのほうで、スカートはバッグの余りで作ったんです。スカートと合わせると、生地のグラデーションを存分に楽しめますよ。

▶作り方 82 ページ

8分丈パンツ

生成りの麻で作った8分丈のパンツ。
すそ幅が広めの定番デザインなので、
生地をかえて何枚も作り、一年中着
ています。後ろにはパッチポケット
をつけて、バックスタイルのアクセ
ントに。

▶ 作り方 76 ページ

ブルーは好きな色の1つ。北欧っぽい少し厚みのある麻のツイード生地で作れば、秋冬にも重宝しそうです。

ストレートパンツ

足長効果が期待できそうなフルレングスのストレートパンツ。インディゴブルーのソフトデニムで、幅もワイドなのではき心地はとても楽です。両わきには大きめのパッチポケットをつけました。

▶ 作り方 78 ページ

ベージュの綿麻で作り、黒のセーターを合わせてメンズライクに着こなすのもいいですね。すその長さは好みでかえてください。

バルーンパンツ

ぽてっとしたシルエットのバルーン
パンツをふだんから愛用しています。
今回は細めのタックにしているので、
どなたでも着やすいデザインになっ
ていると思います。パンツ丈は動き
やすいように少し短めにしました。

▶作り方 80 ページ

わきのポケットは裏から袋布
を当てた斜めポケット。すっ
きりと仕立てています。

フードつきストール

コートやジャケットと組み合わせて使いたいストールです。首に巻いてアウターを羽織れば、フードつきスタイルに早がわり。もちろん１枚で使ってもかまいません。素材は柔らかいウールガーゼなので、フードをかぶってもヘアスタイルを崩しません。

▶作り方64ページ

Column

斉藤謠子流コーディネート

**好きなアイテムはこんな感じで
組み合わせています。**

D

フードつきストール（30ページ）**＋ベージュのコート**

手持ちのコートの上からフードつきストールを羽織りました。いつものコートと印象がかわり、コーディネートのアクセントになります。

E

ラウンドネックのチュニック（4ページ）**＋**
バルーンパンツ（28ページ）**＋**
ロングカーディガン（16ページ）

紺のチュニックとパンツの組み合わせは、私のいつものスタイル。出かけるときはロングカーディガンを羽織ると、きちんと感も出ます。

F

刺しゅう入りストール（7ページ）**＋**
Tシャツ風ブラウスb（21ページ）**＋**
8分丈パンツ（25ページ）

太めの８分丈パンツに短めのブラウスを合わせて、さわやかな装いの出来上がり。仕上げにストールを巻けば、夏の冷房対策も万全です。

D

E

F

バルーンバッグ

a

手に持ったときにぷっくりとしたバルーン形になるように、何度も試作をしました。容量はありますが、口が小さいので中身が見えたりこぼれたりすることがありません。私のお気に入りです。

▶作り方56ページ

裏に返しても使えるリバーシブル
仕立て。青とベージュのギンガム
チェックがかわいいでしょう？
裏布も吟味して選んでくださいね。

b
紺無地の木綿をオレンジの糸で
縫ってステッチを効かせました。
ふだん使いのバッグとして重宝し
ています。

ワンマイルバッグ

ちょっとそこまで、という外出時に便利なサイズのハンドバッグ。使い勝手を考えて本体の外側と内側、そしてまちにもポケットをつけました。柄布で作る場合は、本体とポケットの柄を合わせるのがポイントです。

▶作り方86ページ

幅の広いまちポケットには、ス
マートフォンやICカードなどを。
必要なときにすぐに取り出せます。

中身が出てしまわないように、内
ポケットにもマグネットボタンを
つけました。

スクエアバッグ

かっちりとした仕立ての自立するバッグはちょっとしたお出かけにぴったり。A4 サイズがすっぽり入るので、仕事用としても便利です。左右につけたサイドポケットは底側をつまんでまちをつけ、機能的に仕上げました。

▶作り方88ページ

裏布選びはセンスの見せどころ。
今回はモダンなリーフ柄の木綿を
使いました。大きな内ポケットつ
きなので、持ち物を整理整頓する
のも簡単です。

サイドポケットは折りたたみ傘や
ペットボトルなどを入れるのに
ちょうどよい大きさです。本体の
角はミシンで縫って形をキープし
ました。

ビニールポーチ

外から中身が見えるように、ポーチの前面を透明のビニールにしました。タブがあるのでファスナーがあけやすく、大きいサイズには持ち手をつけて、より使いやすくしています。内側の布が見えるので、布選びも楽しめますね。

▶作り方83ページ

私は仕事で持ち歩く裁縫道具を入
れています。これで忘れ物対策は
バッチリ！　……かな？

ナイロンバッグ

ナイロン地はバッグやポーチに最適の素材。軽くてシワになりにくいので、小さくたたんで携帯するのに便利です。こんな目を引く柄布なら、メインのバッグとしても使いたくなりますね。

▶作り方90ページ

大きさは２種類。色も２色。どっちにしようかいつも迷います。バッグの内側には内ポケットがついています。

リュック

リュックと言っても、作り方は簡単。袋状の本体と肩ひも、ループを作るだけ。肩ひもの長さは自分の好みに合わせて調節してください。カーキ色のソフトデニム地なので、軽くて丈夫。男性にも似合います。

▶作り方92ページ

リュックの口側につけた肩ひもを
ループに通しているだけですが、
背負うと口が閉じ、下ろすと口が
開く、という仕組み。

がま口ポシェット

旅行先では両手が使えるリュックやショルダーバッグがとても便利。小ぶりなポシェットは、海外などでパスポートやエアチケットなどを入れて持ち歩くのに使っています。遊び心のあるメガネ柄がおもしろいでしょう？

▶ 作り方94ページ

パスポートやスマートフォンを入れるのにジャストなサイズです。

斜めにかけて、ポケットがわりに。
肩ひもの長さは自分の身長や好みに合わせて調整してください。

ブローチ

余り布でブローチを作ってみませんか？　市販のつつみボタン芯を使えば簡単です。柄布を部分的に切り取ると、違った印象になりますよ。これらのブローチのほとんどは、この本で使用している布で作っています。どの布を使っているかわかりますか？

▶作り方65ページ

How to Make

- 図中の寸法の単位は「cm（センチメートル）」です。「S」は「ステッチ」の略です。
- バッグの「寸法図」は縫い代を含まない出来上がり寸法を表記しています。指定の縫い代をつけて裁断します。
- 洋服の「裁ち合わせ図」は本誌で使用した布を基準にしています。布幅や柄ゆきがかわると型紙の配置もかわります。図中の縫い代をつけて裁断します。
- 写真プロセスの作品以外は「材料」からミシン糸を省略しています。布地の色めに合わせた糸を用意してください。
- ミシンは事前に糸調子をチェックし、実際に縫う布地を使って必ず試し縫いをしましょう。
- 縫い目がほつれないように縫い始めと縫い終わりは必ず返し縫いをします。

作品を作る前に

サイズについて

本書に掲載した洋服はすべてM・L・LLのサイズ展開です。下記の適応サイズ表を参照し、ワンピース、チュニックブラウス、カーディガンはバスト、パンツはヒップの寸法に合わせてサイズを選びます。各作品の作り方ページに表記した出来上がり寸法もあわせて参考にしてください。
着丈を調整したいときは、丈をすそ線と平行に移動します。お手持ちの洋服のバストや着丈などの寸法を参考にするとサイズ感がつかみやすいでしょう。

適応サイズ表（ヌード寸法）　単位：cm

サイズ	M	L	LL
バスト	83	87	93
ヒップ	92	96	102

※本書のモデルは身長167cm、Mサイズを着用しています。

型紙について

＊付録の実物大型紙を使って型紙を作ります。
＊作り方ページに表記してある「使用型紙」のパーツを確認し、付録の実物大型紙の中から別紙に写し取ります。直線もカーブも定規を使います。カーブは短めの定規を使うと描きやすいでしょう。布目線や合い印も忘れずに写し取りましょう。

印つけ・裁断

出来上がり線の印をつける場合は、外表に合わせた布の間に手芸用両面複写紙をはさんで、ルレットで出来上がり線をなぞって印をつけます。合い印も忘れずに写しておきましょう。

型紙の線種

布目線
布の縦地と線を平行に合わせる

わ
左右対称に続けて布を裁つ

合い印
パーツ同士を合わせる印

タック
斜線の下がる方向へたたむ

麻の水通しについて

麻は洗濯で縮みやすいので、裁断前に水通しをします。水通しは布に水が浸透するまでつけ、10秒間ほど脱水して干し、生乾きのときに布目のゆがみを直しながらアイロンをかけます。

必要な用具

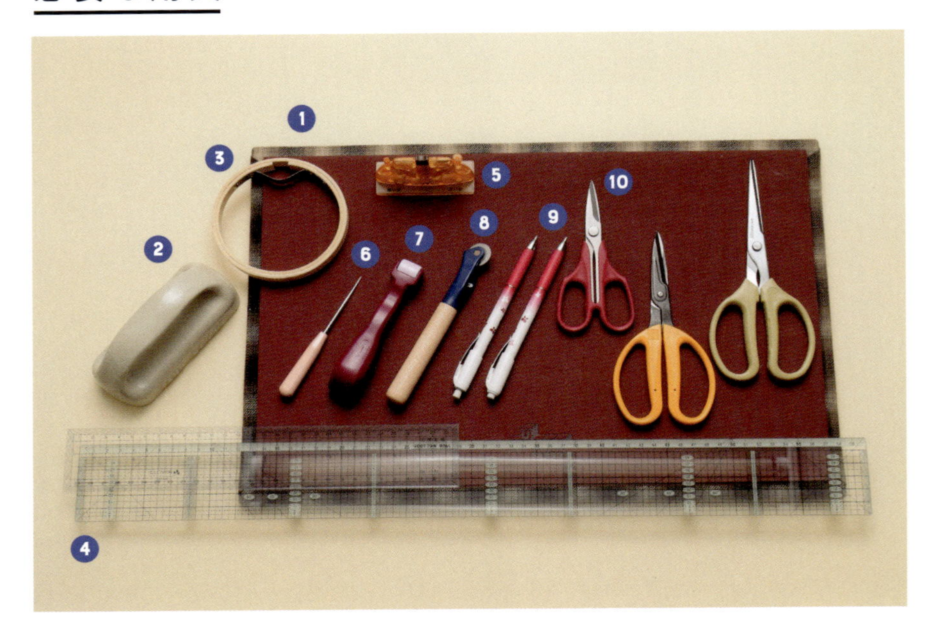

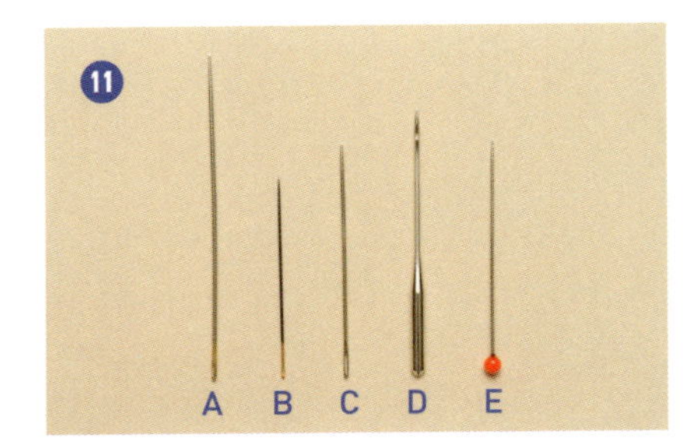

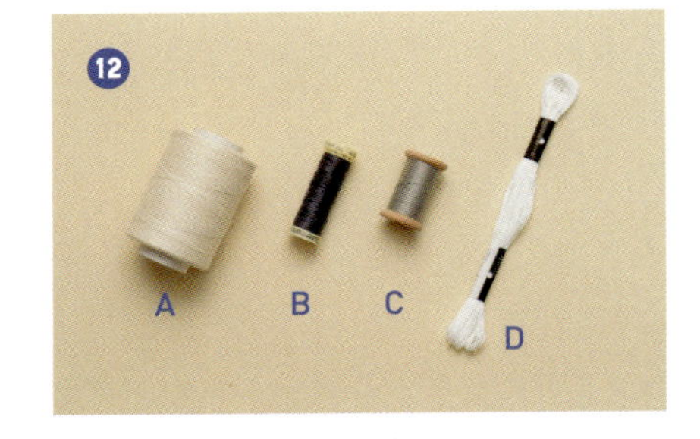

① パッチワーク用ボード

やすり面とカバーの柔らかい面があり、本書ではへらやルレットなどで折り目をつけるときにカバーの柔らかい面を使用。裏側の布地面はアイロン台として使用できる。

② 文鎮

型紙の出来上がり線を布に描き写す際や裁断のときに、おもしとして使用。

③ 刺しゅう枠

刺しゅうをするときに使用する。輪の小さいものが使いやすい。

④ 定規

型紙を別紙に描き写したり、すそやそで口を折るときに、縫い代寸法を測るためなどに使用。60cm程度の長いものと30cm程度の短いものを準備する。

⑤ 糸通し

手縫い用の針に糸を通す場合に使う。

⑥ 目打ち

袋状に縫った角をきれいに整えるのに使用する。

⑦ 折り目つけローラー

縫い代を割ったり、折り目をつけたりする場合に使用。ない場合はアイロンを使う。

⑧ ストレート歯のルレット（へら）

複写紙を使って縫い線を写したり、折り目をつけたりする場合に使う。

⑨ 布用印つけペン

刺しゅう図案を写す場合に使用。濃い色の布地用と薄い色の布地用の2色あると便利。

⑩ はさみ

左から糸用、紙・キルト綿用、布用。3種類用意して使い分けると傷みにくく長もちする。

⑪ 針

A　しつけ針…しつけをかけるときに使う。
B　縫い針…手縫いのときに使う。
C　刺しゅう針…刺しゅうをするときに使う。
D　ミシン針…ミシン用の針。布地の厚さによって太さをかえる。本誌では普通地用の11号針を使用。
E　待ち針

⑫ 糸

A　しつけ糸…しつけをかけるときに使用する。
B　ミシン糸…ミシン用の糸。布地の厚さによって太さをかえる。本書では普通地用の60番を使用。また、ステッチを見せたい場合以外は布地に近い色めのものを選ぶ。
C　手縫い糸…まつり縫いなどの手縫いのときに使用。布地に近い色めのものを選ぶ。
D　刺しゅう糸…刺しゅう用の糸。本書では25番刺しゅう糸を使用。

そのほかに型紙用紙（ハトロン紙など下の線が透けて見える紙）、鉛筆、手芸用両面複写紙、指ぬき、ゴム通し、アイロン、アイロン台、ミシンなど。

ラウンドネックのチュニックa・b・c

▶使用型紙（C面）
前身ごろ　後ろ身ごろ　そで　前見返し
後ろ見返し

●出来上がり寸法
M…バスト144cm　着丈86cm
　a ゆき丈約67cm　b ゆき丈約48.5cm
L…バスト148cm　着丈86cm
　a ゆき丈約67.5cm　b ゆき丈約49cm
LL…バスト154cm　着丈86cm
　a ゆき丈約68.5cm　b ゆき丈約50cm

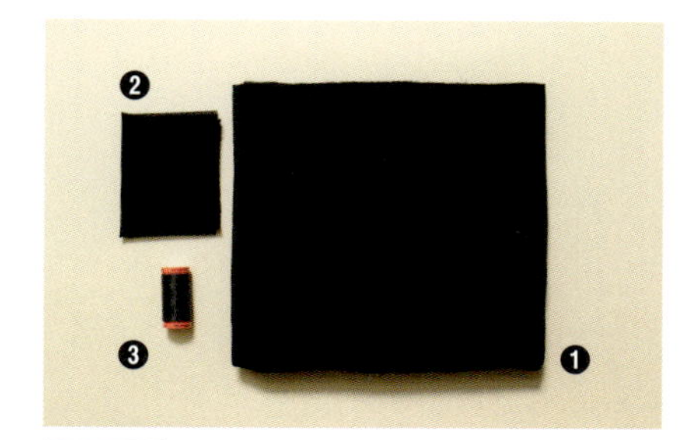

材料
a・b
❶ダブルガーゼ…120cm幅
　a 240cm／b 220cm
❷接着芯（ニット地タイプ）…65×20cm
❸ポリエステルミシン糸60番
c
❶綿麻　ボーダープリント…110cm幅
　260cm
❷❸はa・bと共通
＊作り方写真ではわかりやすいように糸の色をかえています。

作り方のポイント
作品a・cは長そで、作品bは半そでのチュニック。そで丈は違うが、作り方は同じ。

布の裁ち方
＊a・bは裁ち合わせ図を参考に、布に型紙を配置し、縫い代をつけて各パーツを裁つ。前身ごろ、後ろ身ごろ、前見返し、後ろ見返しは前後中央をわにして各1枚、そでは左右対称に2枚裁断する。
＊cはボーダープリントを使っているため、すそとそで口に柄がくるように身ごろ、そでとも布目線をよこ地にして裁つ。

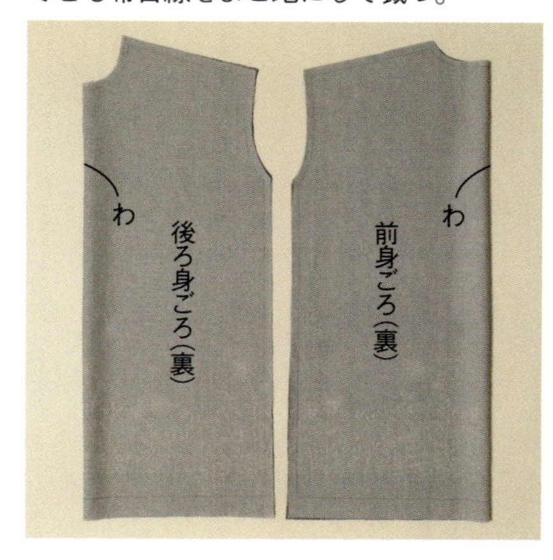

a・bの裁ち合わせ図

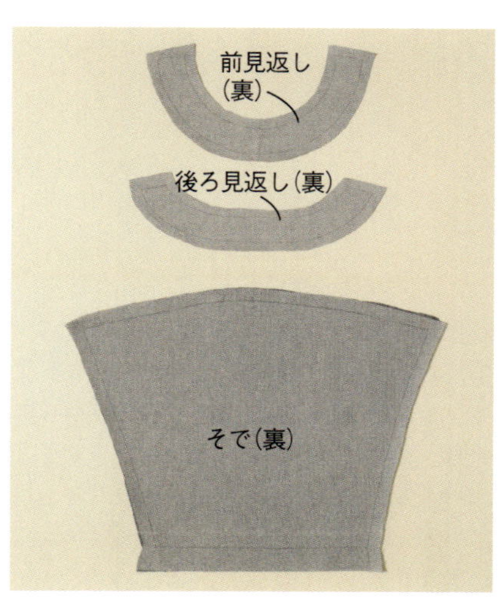

下準備

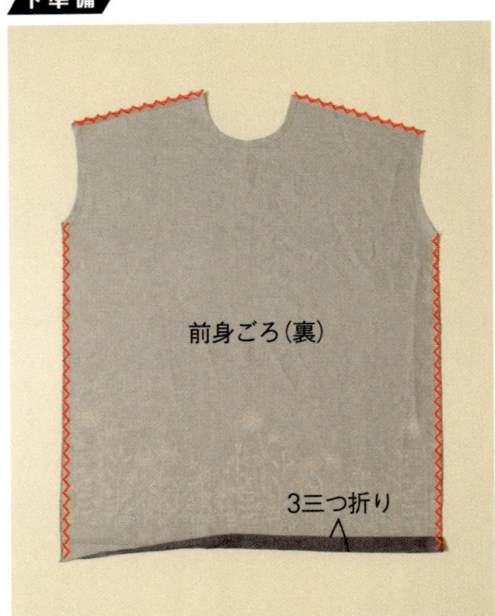

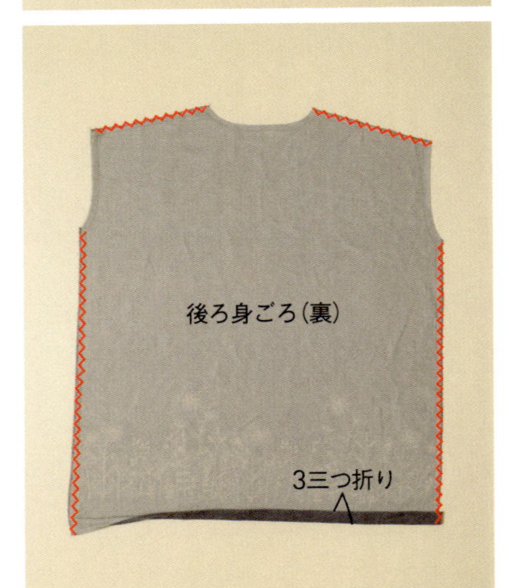

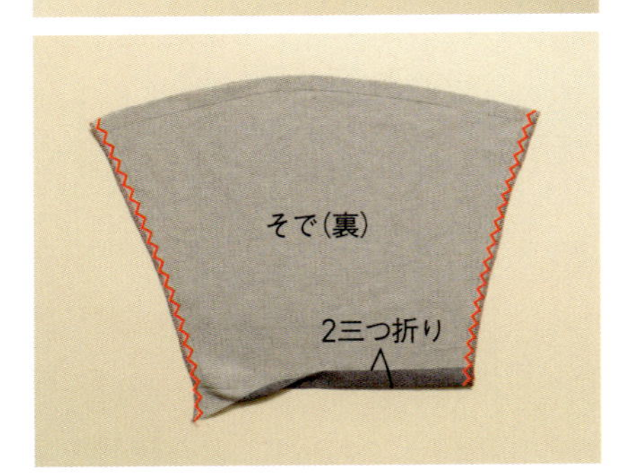

前身ごろ、後ろ身ごろ、そでは、それぞれすそまたはそで口を三つ折りにしてから肩、わき、そで下の縫い代にジグザグミシン(またはロックミシン。写真はロックミシン。以下同)をかける。このとき三つ折りは開いてジグザグミシンをかける。

[すそ、そで口の三つ折りのしかた]

❶パッチワーク用ボードの上に布の裏面を上にしておき、そで口(またはすそ)の出来上がり線に定規を当て、ストレート歯のルレットで出来上がり線をなぞると、軽く折り目がつく。

❷縫い代端から1cm内側に定規を当てて、❶と同様にルレットでなぞる。

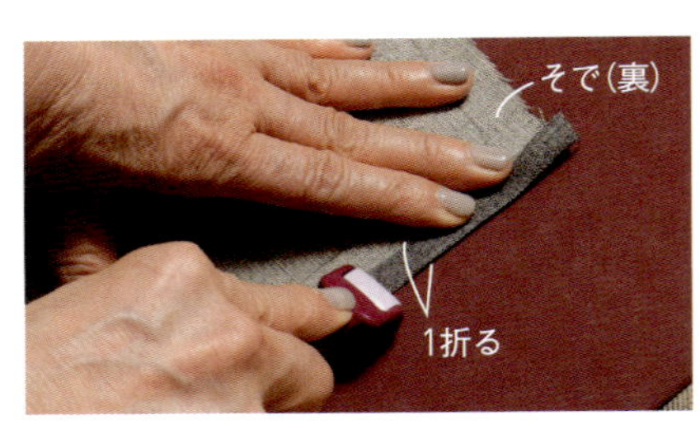

❸❷の折り目から布端1cmを裏面に折り、折り目つけローラーでこすってしっかり折る。

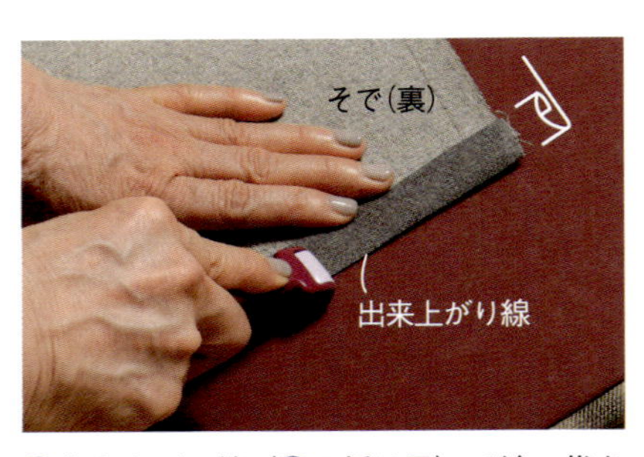

❹出来上がり線(❶の折り目)で縫い代を裏面に折って三つ折りにし、ローラーでしっかり折る。

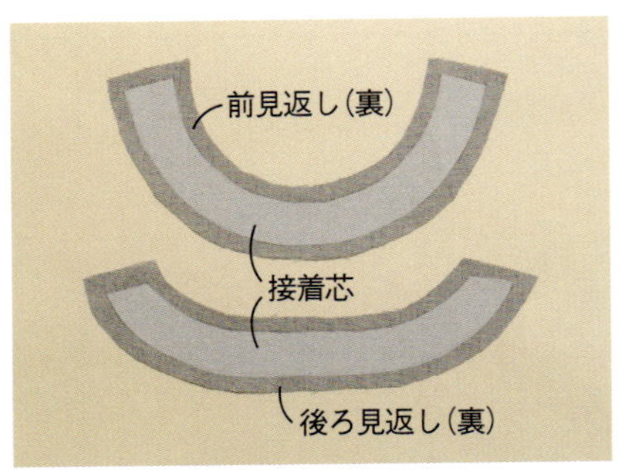

2 前見返し、後ろ見返しの接着芯を出来上がりの寸法でカットし、それぞれの見返しの裏面にアイロンで貼る。

作り方

1. 肩を縫う
2. えりぐりを縫う
3. そでをつける
4. そで下〜わきを縫う
5. そで口の始末をする
6. すその始末をする

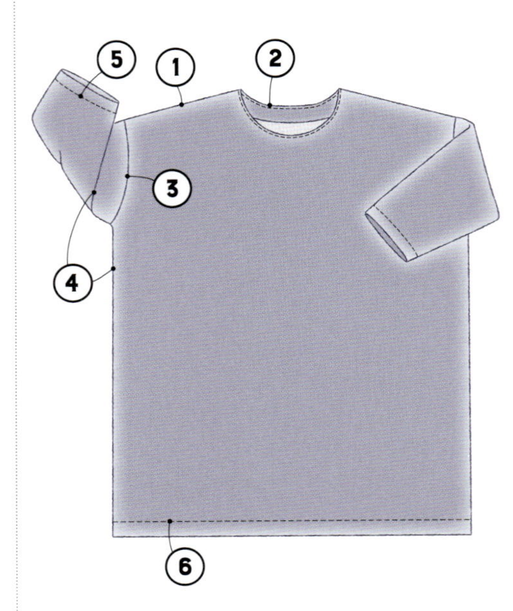

① 肩を縫う

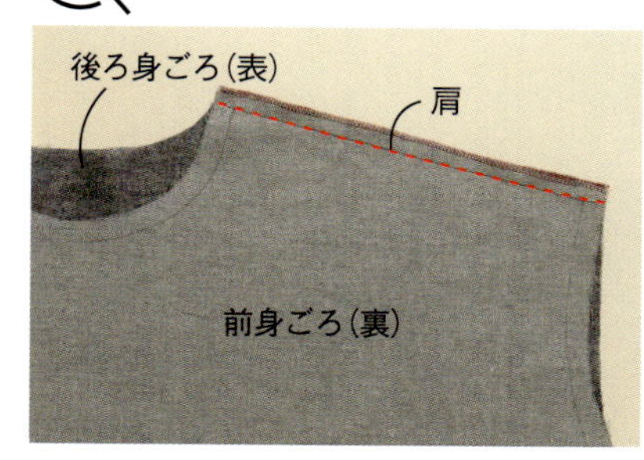

1 前身ごろと後ろ身ごろの肩を中表に合わせて縫う。ミシンの縫い始めと縫い終わりは返し縫いをする。肩縫い代はアイロン(または折り目つけローラー)で割っておく。

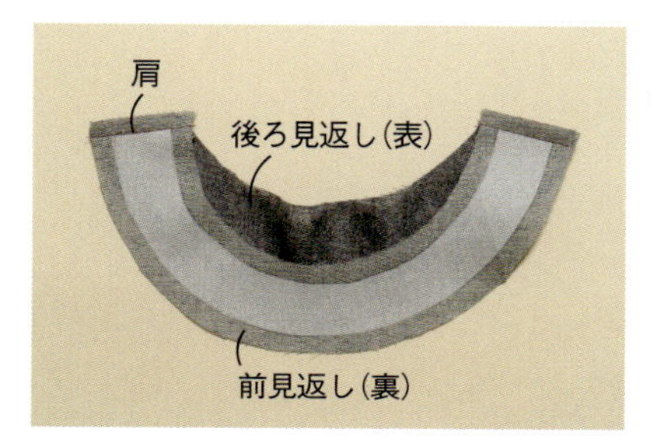

2 前見返しと後ろ見返しの肩を中表に合わせて縫う。

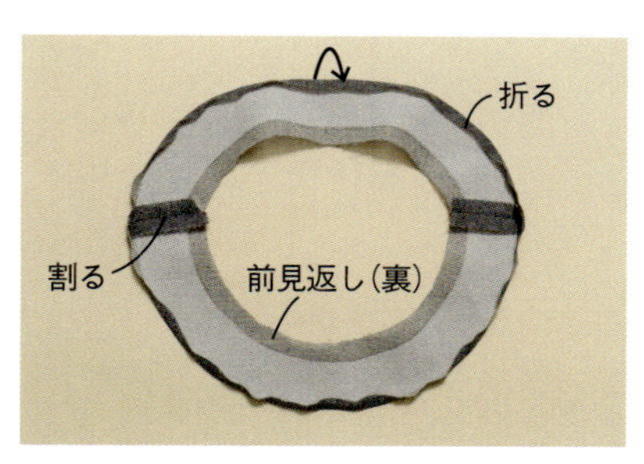

3 見返しの肩縫い代をアイロンで割る。次に見返しの外回りの縫い代をアイロンで折る。

② えりぐりを縫う

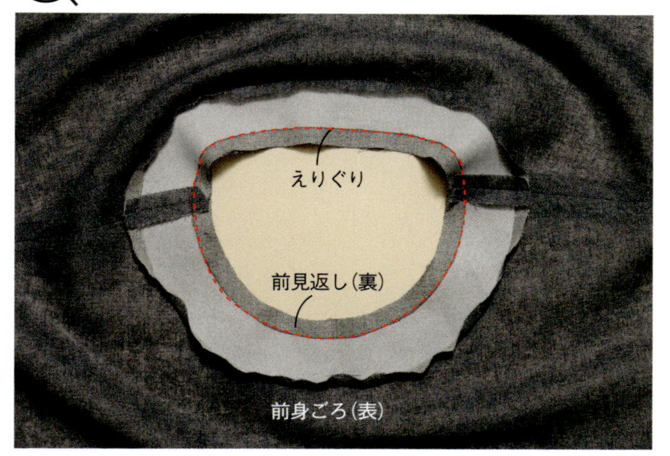

1 身ごろのえりぐりに見返しを中表に合わせ、ぐるりとえりぐりを縫う。

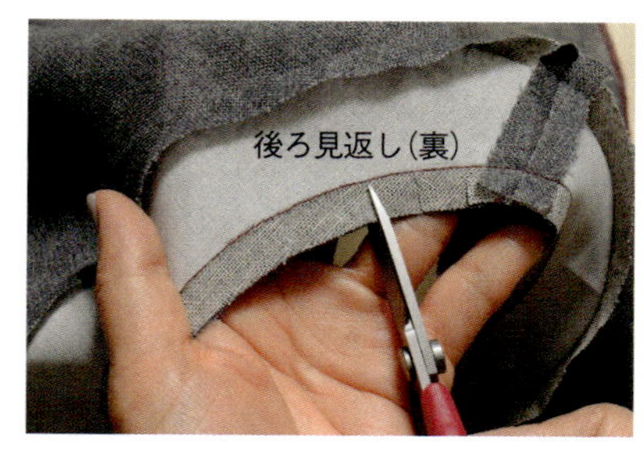

2 えりぐり縫い代のカーブの部分に1.5cmぐらいの間隔で、ミシン目の0.2cmぐらい手前まで切り込みを入れる。

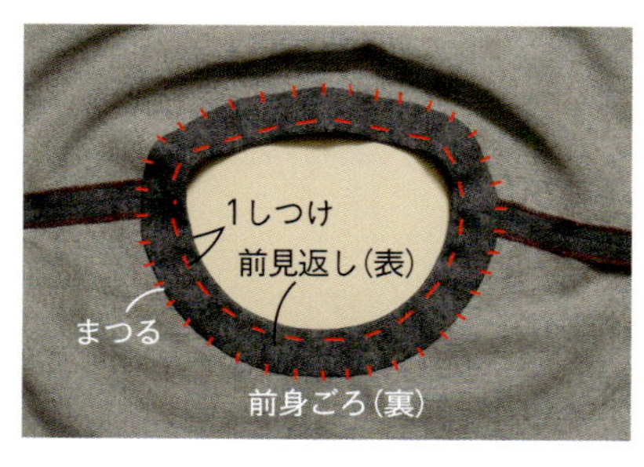

3 見返しを身ごろの裏面に返してアイロンで整え、えりぐりにしつけをかける。次に見返しの外回りを、身ごろの表面に針目が目立たないようにまつる。

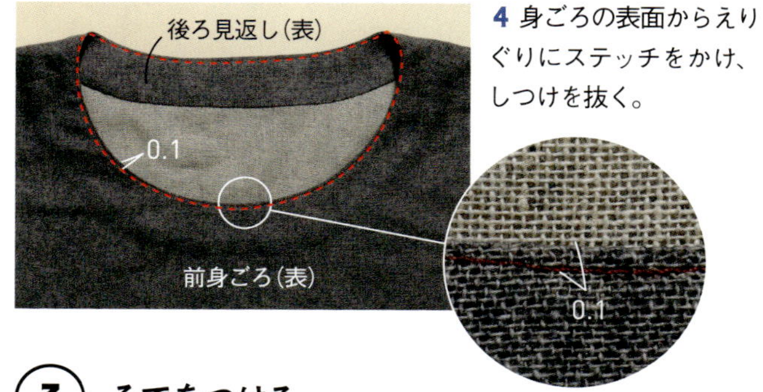

4 身ごろの表面からえりぐりにステッチをかけ、しつけを抜く。

③ そでをつける

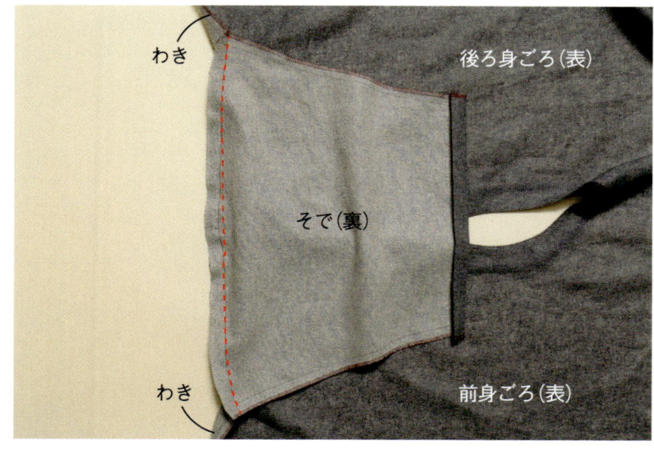

1 身ごろのそでぐりに、そでを中表に合わせて縫う。

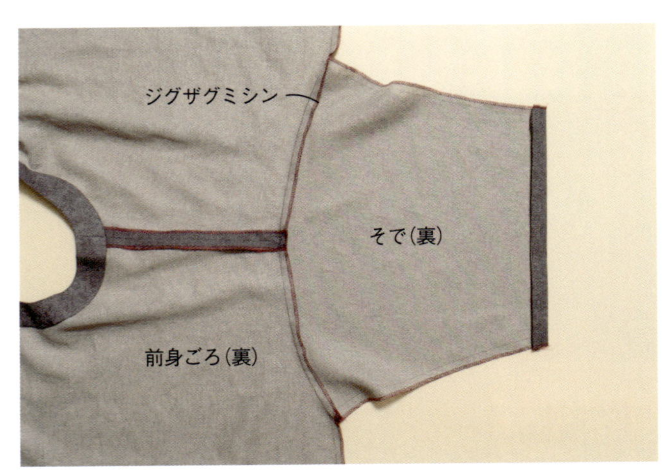

2 そでつけ縫い代に、2枚一緒にジグザグミシンをかける。縫い代はアイロンでそで側に倒して整える。

4 そで下〜わきを縫う

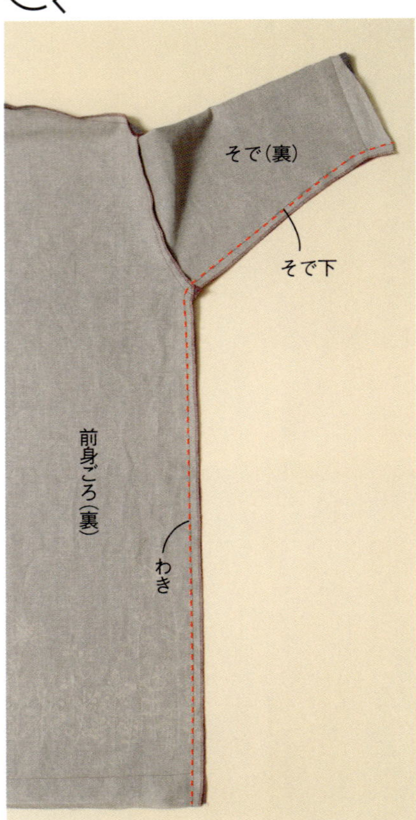

前身ごろと後ろ身ごろのそで下、わきを中表に合わせる。そで口、すそとも三つ折りにした縫い代を開き、そで下〜わきを続けて縫う。縫い代はアイロンで割っておく。

5 そで口の始末をする

そで口の三つ折りをもう一度整えて、ステッチをかける。

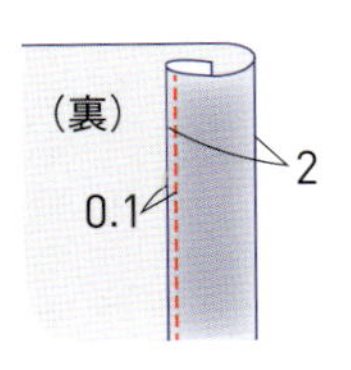

6 すその始末をする

すその三つ折りをもう一度整えて、ステッチをかける。

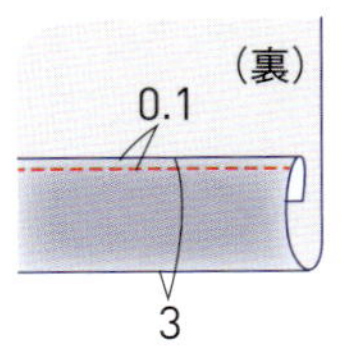

＼出来上がり／

タック入りチュニック
刺しゅう入りストール

▶使用型紙（C面）
前身ごろ　後ろ身ごろ　そで　前見返し
後ろ見返し
ストールは型紙を作らずに、裁ち合わせ図の寸法で直接布を裁つ。

●出来上がり寸法
チュニック
M…バスト150cm　着丈86cm
　ゆき丈約67cm
L…バスト154cm　着丈86cm
　ゆき丈約67.5cm
LL…バスト160cm　着丈86cm
　ゆき丈約68.5cm

ストール
幅35cm　長さ185cm

材料
綿ローン…120cm幅　240cm
接着芯（ニット地タイプ）…65×20cm
25番刺しゅう糸　白…適宜

作り方のポイント
ラウンドネックのチュニックaと同じ型紙を使い、前中央にタックをとり、わきにスリットを入れる。

作り方
＊すそ、そで口の縫い代を三つ折りにし、肩、わき、そで下の縫い代にジグザグミシン（またはロックミシン）をかける。→p.50

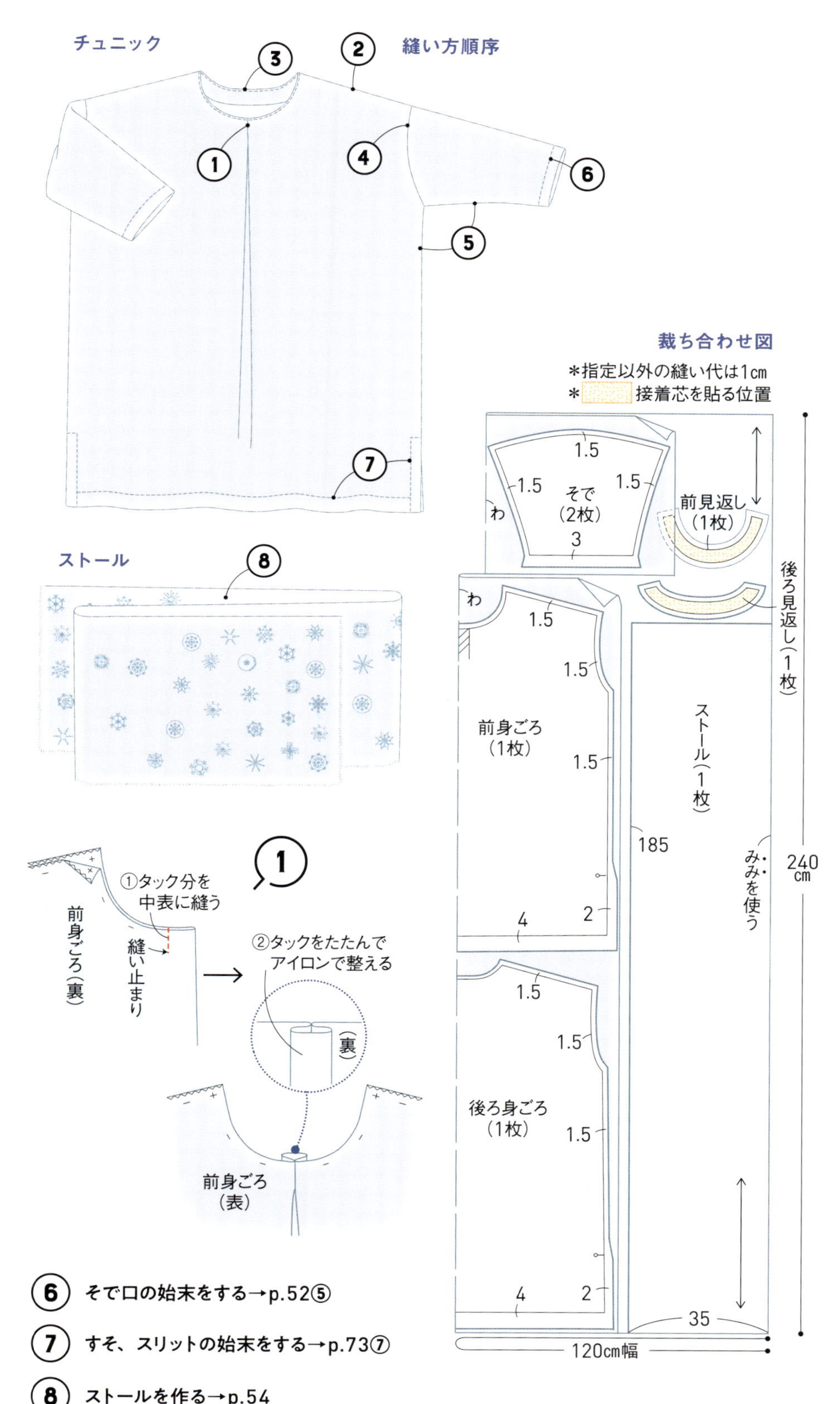

1. **前中央のタックを縫う**
2. **肩を縫う→p.51①**
3. **えりぐりを縫う→p.51②**
4. **そでをつける→p.51③**
5. **そで下〜わきを縫う→p.52④**
   ただしわきはスリット止まりで縫い止める
6. **そで口の始末をする→p.52⑤**
7. **すそ、スリットの始末をする→p.73⑦**
8. **ストールを作る→p.54**

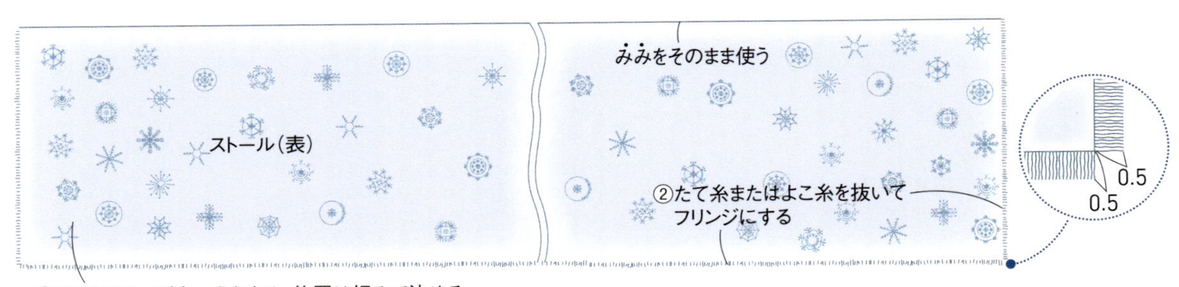

※刺しゅう糸はすべて1本どり

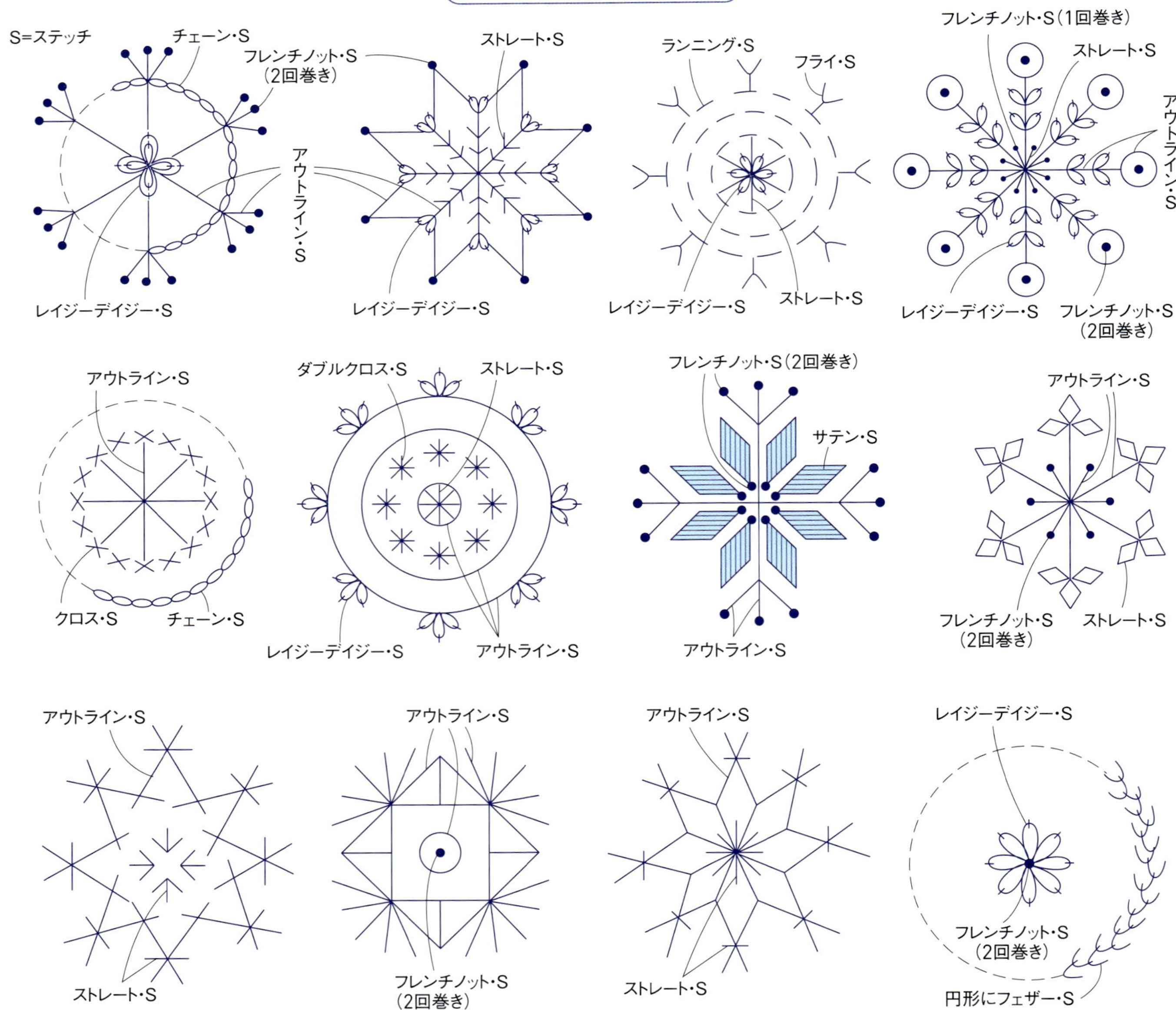

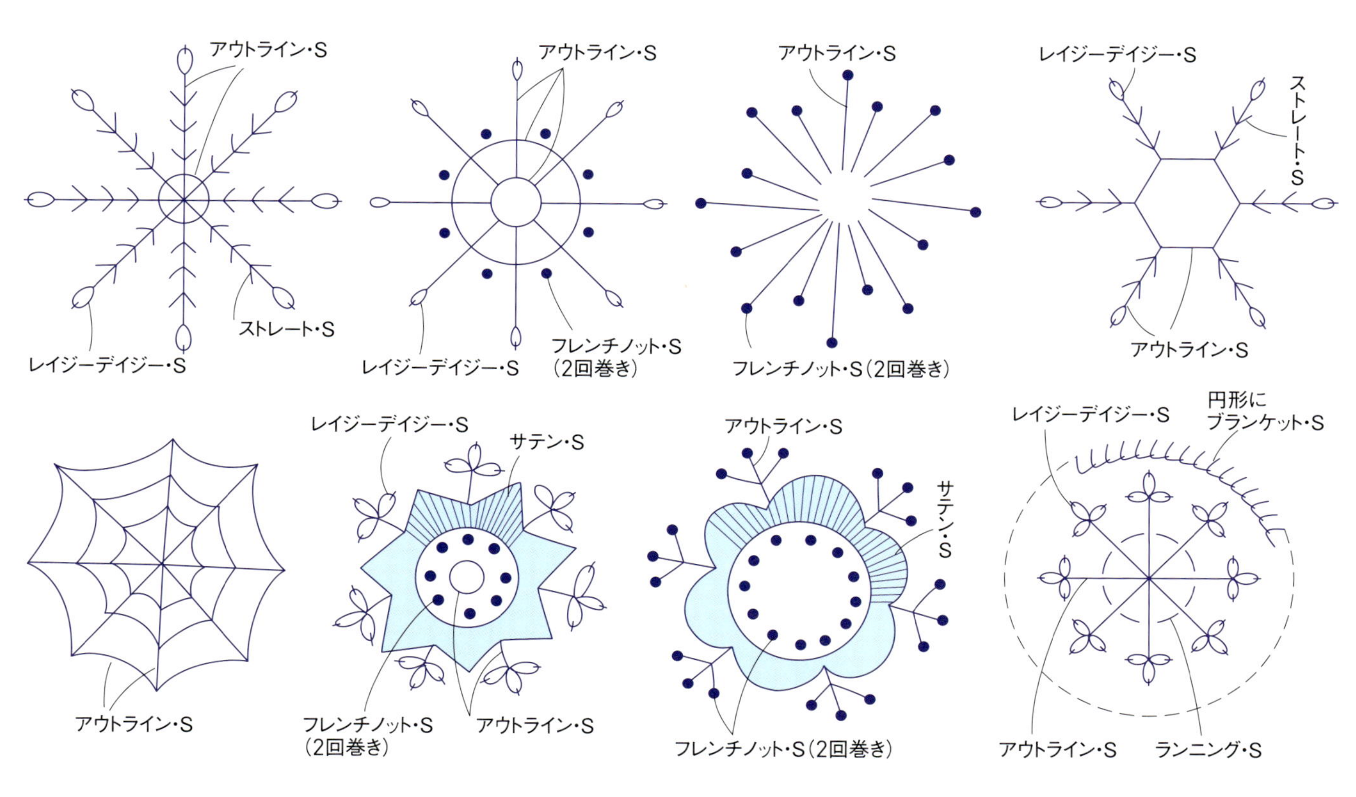

刺しゅうのステッチの刺し方

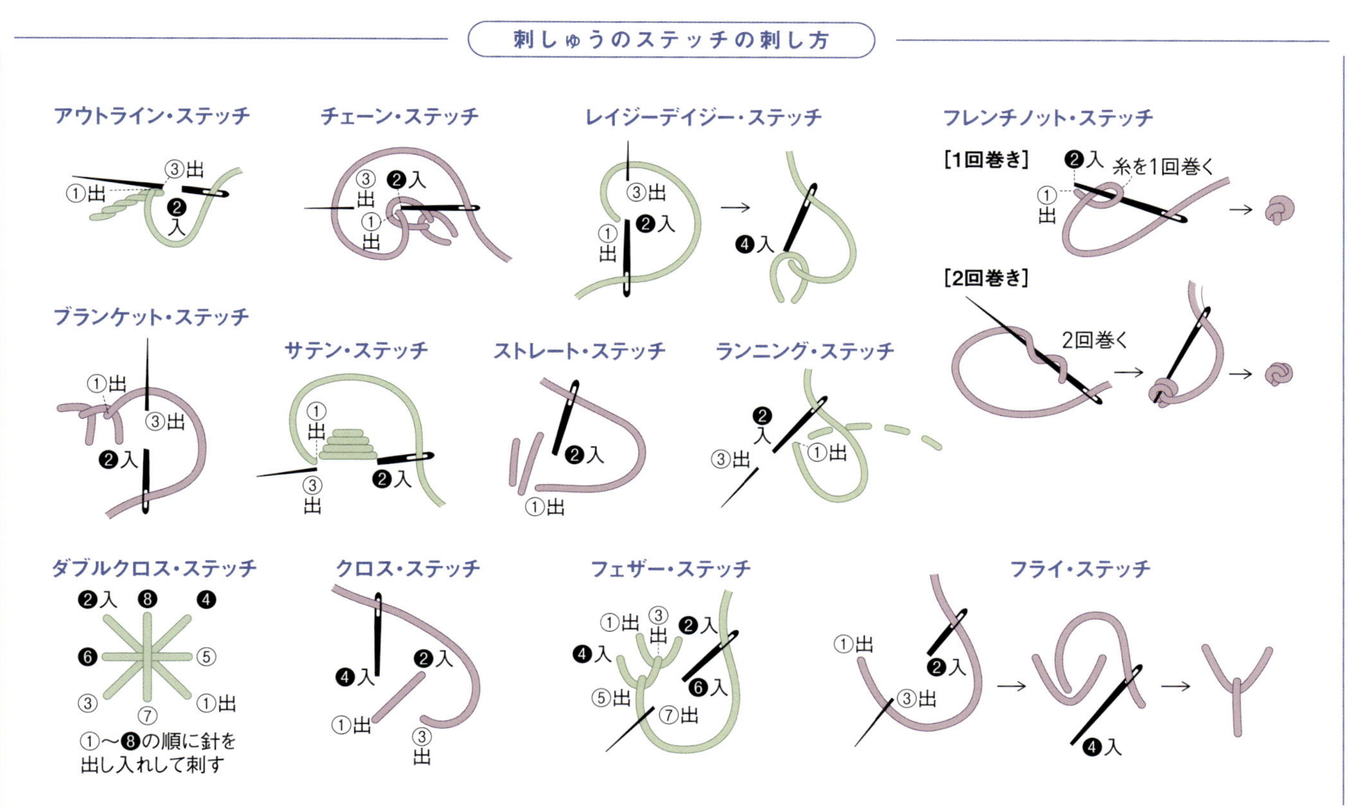

バルーンバッグa・b

▶**使用型紙（A面）**
本体　まち　持ち手　内ポケット

●出来上がり寸法
丈37.5cm　口幅約25cm

材料

a
❶綿麻　ボーダープリント…110cm幅　120cm
❷麻テープ…2cm幅　40cm
❸ポリエステルミシン糸60番

b
木綿　紺…110cm幅　45cm（表布）
木綿　チェック…110cm幅　65cm（裏布）
❷❸はaと共通

作り方のポイント

＊aは表布、裏布とも同じ布（綿麻のボーダープリント）で裁つが、表本体、表まち、内ポケット、持ち手は柄の部分で、裏本体、裏まちは無地の部分で裁つ。また持ち手の裏側には麻テープを使う。
＊bのように表布と裏布を別の布にする場合は、本体・まちは布目を中央でたて地にし、表本体、表まち、持ち手は表布で、裏本体、裏まち、内ポケットを裏布で裁つ（布の裁ち方の写真参照）。

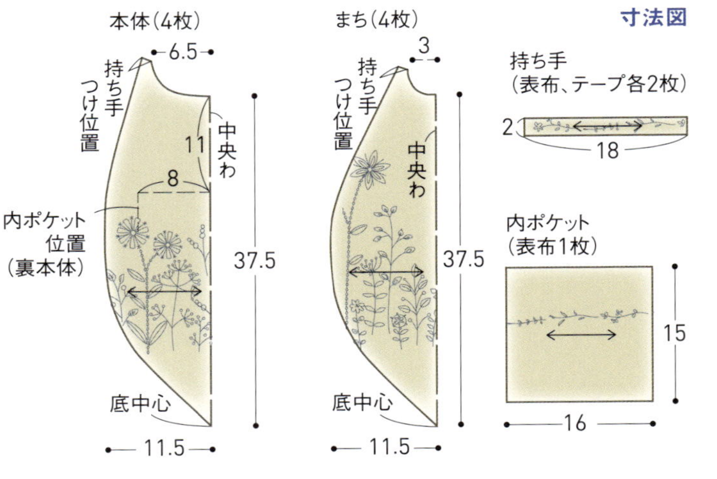

裁ち合わせ図（aの場合）

＊指定以外の縫い代は1cm

わ
0.7
2
0.7
持ち手（2枚）
2
裏まち（2枚）
表まち（2枚）
裏本体（2枚）
表本体（2枚）
120cm
みみを使う
2
内ポケット（1枚）
柄
柄
110cm幅

布の裁ち方

裁ち合わせ図を参考に布に型紙を配置し、縫い代をつけて各パーツを裁つ。内ポケットのポケット口は、縫い代端に布のみみを利用して裁つ。

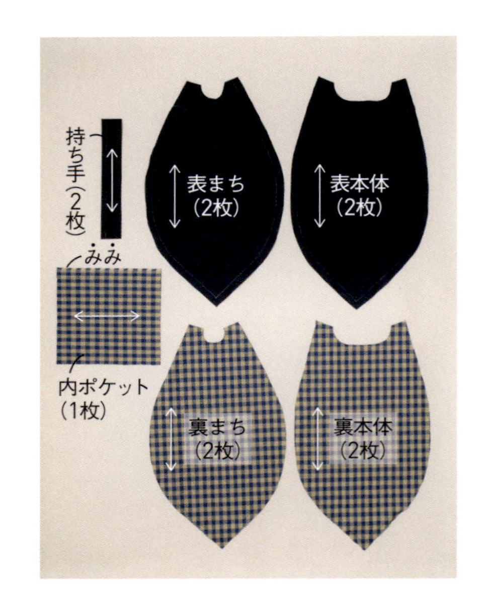

作り方

① 表布を縫い合わせる
② 裏布を縫い合わせる
③ 持ち手を作って仮留めする
④ 表・裏布を縫い合わせて仕上げる

① 表布を縫い合わせる

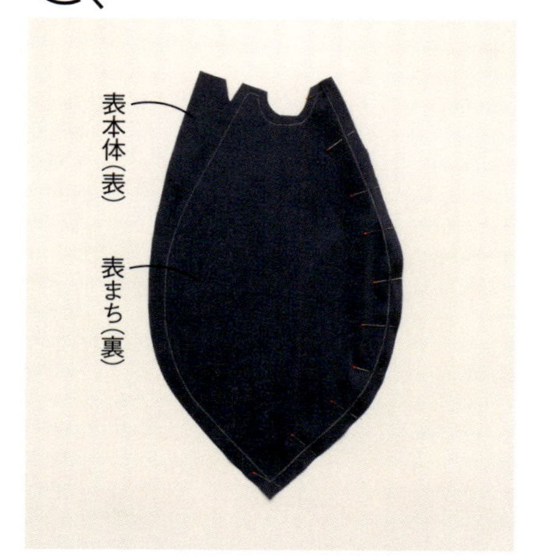

1 表本体と表まちを中表に合わせ、片側のわきを待ち針で留める。

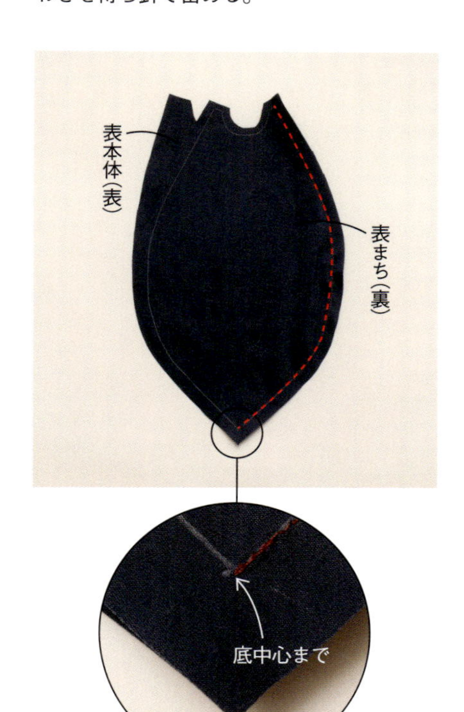

2 片側のわきを上端から底まで縫う。底側は底中心の印で縫い留める。ミシンの縫い始めと縫い終わりは返し縫いをする。

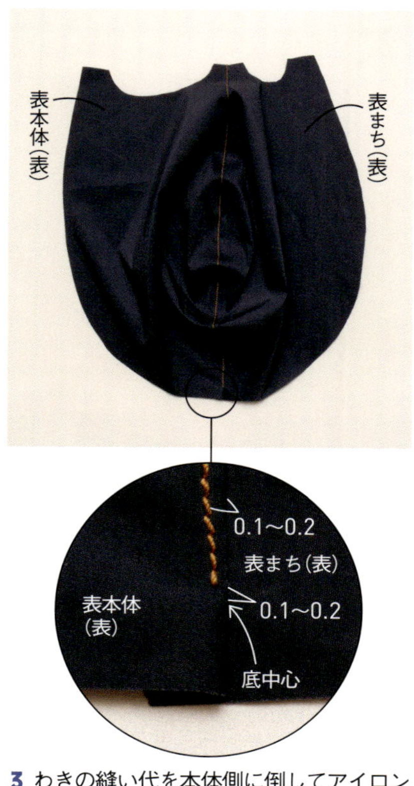

3 わきの縫い代を本体側に倒してアイロンで整え、表本体の表面からステッチをかける。このとき底中心は**2**で縫い留めた位置の0.1~0.2cm上で縫い留める。

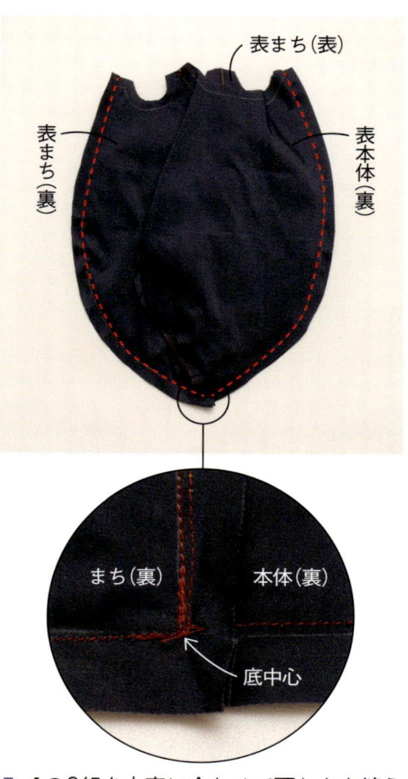

5 **4**の2組を中表に合わせて両わきを縫う。このとき、ぐるっと続けて縫うのではなく、底中心は出来上がりの印で縫い留め、**2**の縫い代をよけて底中心から続きを縫う。

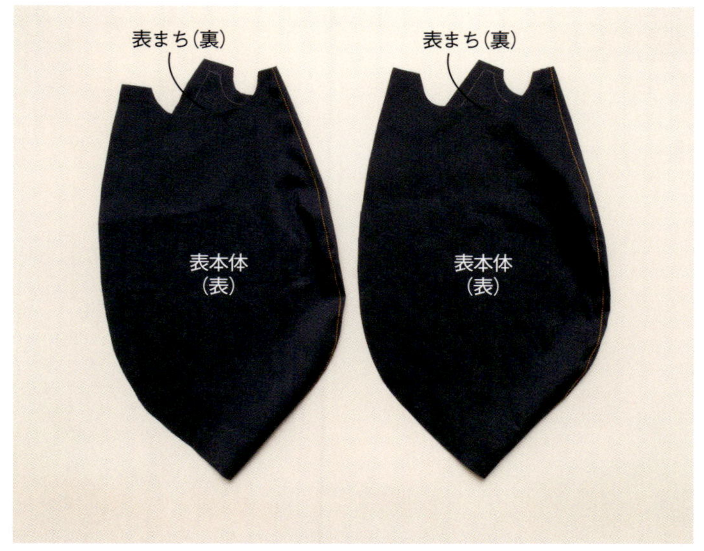

4 もう1組の表本体と表まちも**1**~**3**と同様に縫い合わせる。

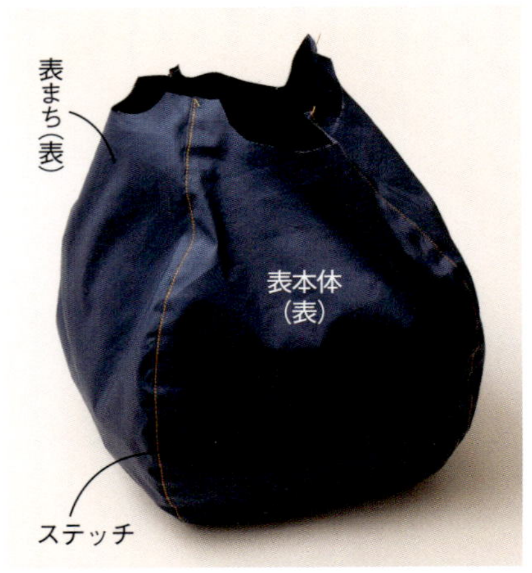

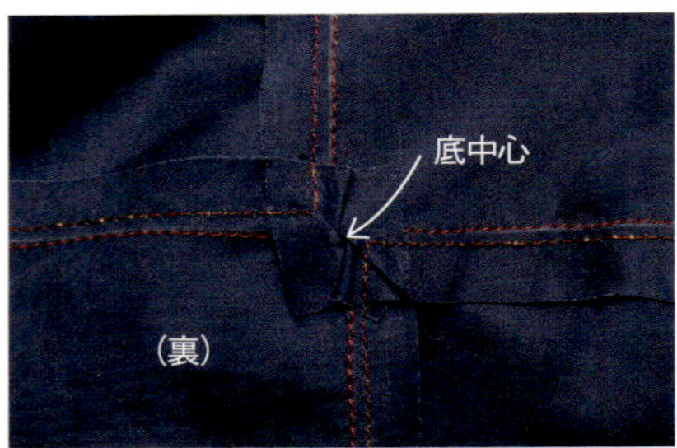

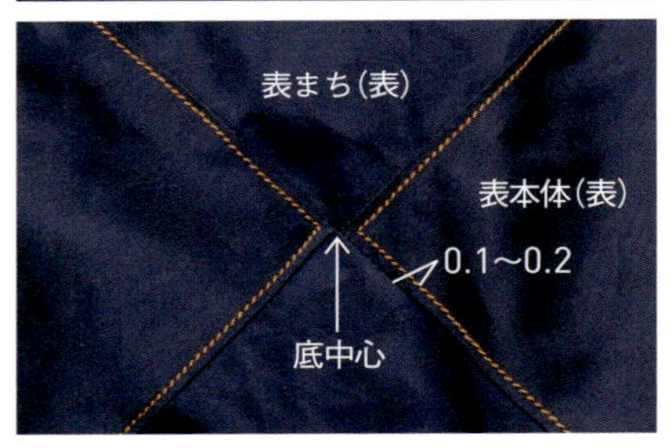

6 **5**の縫い代を本体側に倒し、底中心の縫い代は風車のようにアイロンで整える。次に表本体の表面から縫い目のきわにステッチをかける。

② 裏布を縫い合わせる

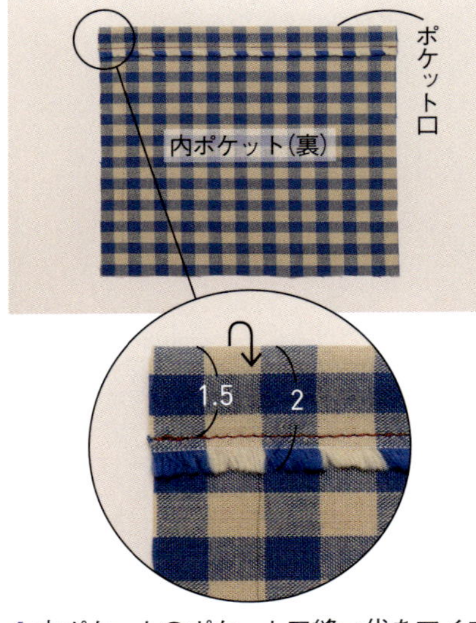

1 内ポケットのポケット口縫い代をアイロンで裏面に折り、ステッチをかける。

2 内ポケットのポケット口以外の3辺の縫い代を、アイロンで裏面に折る。

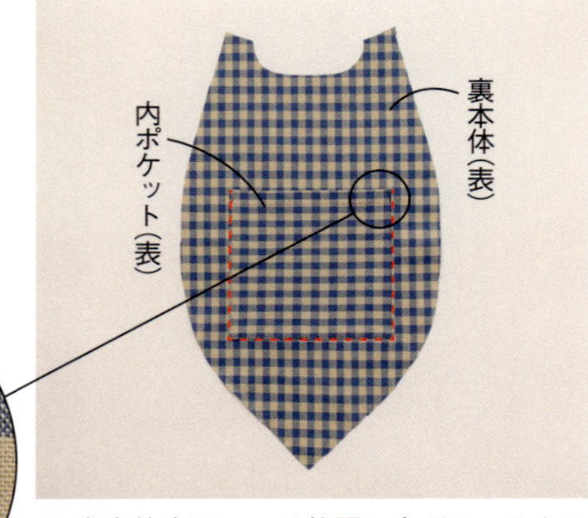

3 裏本体表面のつけ位置に内ポケットをのせ、ステッチで縫い留める。ポケット口の両角は三角に縫っておく。

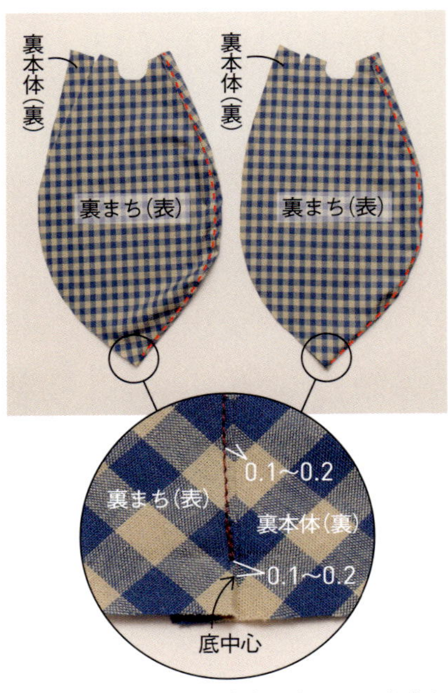

4 裏本体と裏まちを中表に合わせ、表布と同様に片わきを底の印まで縫う。縫い代は表布とは逆にまち側に倒して表からステッチをかける。同じものをもう1組作る。

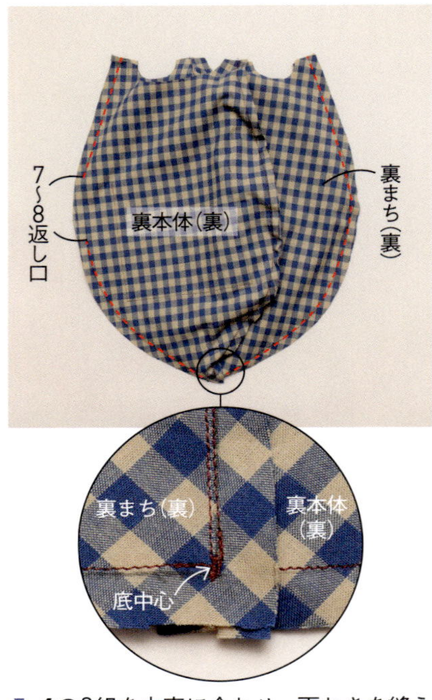

5 **4**の2組を中表に合わせ、両わきを縫う。このとき、返し口を7~8㎝縫い残し、底中心は表布と同様に出来上がりの印で縫い留め、縫い代をよけて縫う。

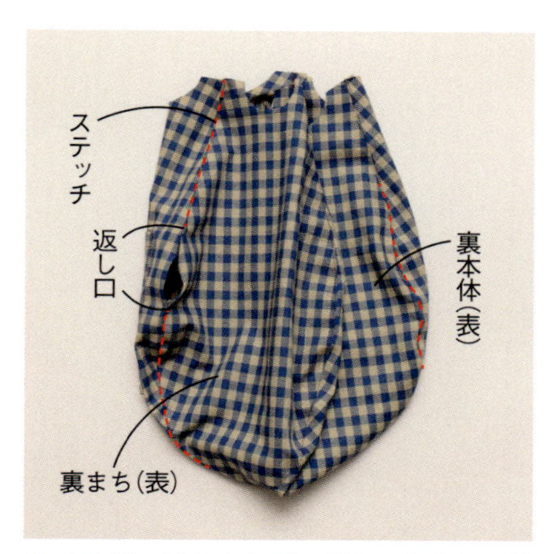

6 5の縫い代をまち側に倒し、底中心の縫い代は表布と同様に風車のようにアイロンで整えて、裏まちの表面から返し口を残して縫い目のきわにステッチをかける。

③ 持ち手を作って仮留めする

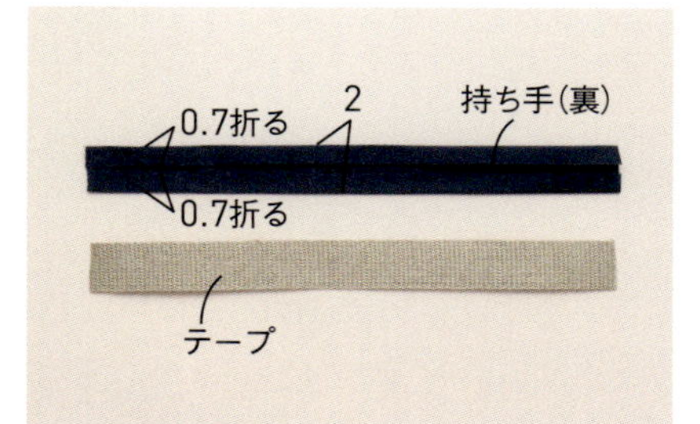

1 持ち手布は長辺の縫い代をアイロンで裏面に折り、2cm幅に整える。テープは持ち手布と同じ長さにカットする

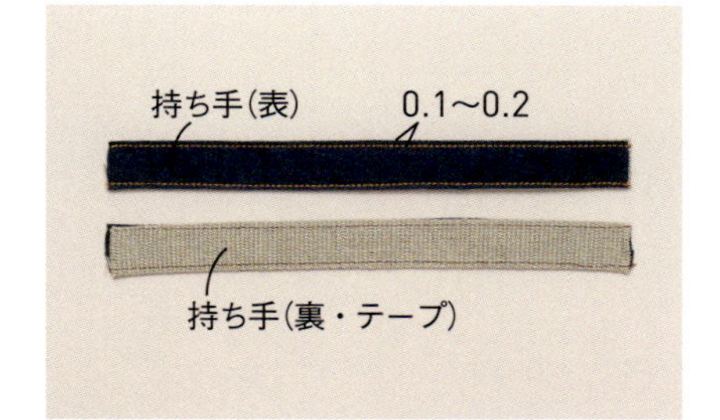

2 持ち手布とテープを外表に重ね、長辺にステッチをかける。布が持ち手の表側、テープが裏側になる。持ち手は2本作る。

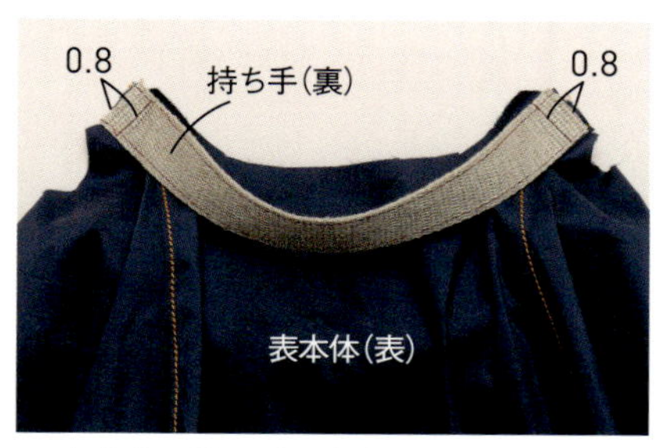

3 表本体と持ち手が中表になるようにつけ位置に持ち手を合わせ、布端から0.8cmの位置に仮留めミシンをかける。もう一方の表本体側にも同様に持ち手を仮留めする。

④ 表、裏布を縫い合わせて仕上げる

1 裏布を裏返し、外表になっている表布を内側に入れて表布と裏布を中表に合わせ、上端をぐるりと縫う。

2 上端縫い代のカーブの部分に、ミシン目の0.2cmぐらい手前まで切り込みを入れる。

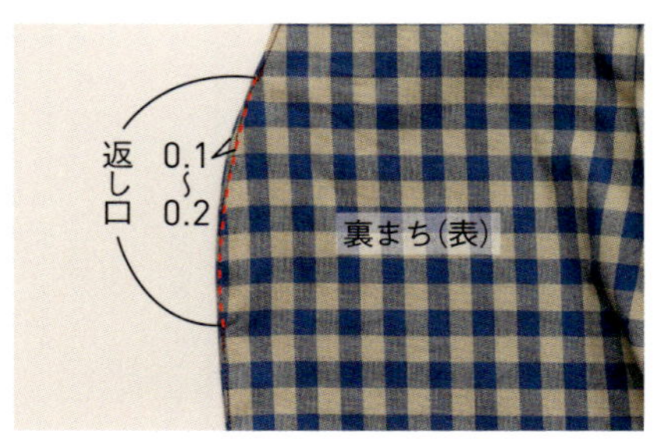

3 裏布の返し口から引き出して表に返し、形を整える。返し口の部分は縫い代を折り込み、裏本体と裏まちを重ねてつまむようにステッチをかけて縫い留める。

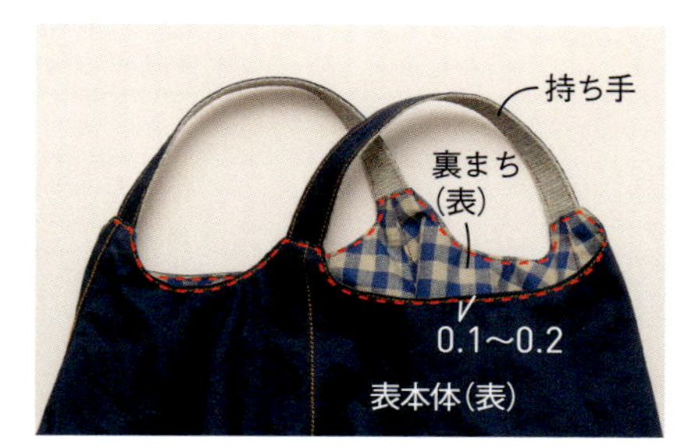

4 口をアイロンで整え、ぐるりとステッチをかける。

5 出来上がり。裏布側を表にしてもよい。

ラグランそでのワンピースa・b

▶使用型紙（B面）
前身ごろ　後ろ身ごろ　そで　袋布　えりぐり見返し（aのみ）　えりぐり切り替え布（bのみ）
ループ布は型紙を作らずに裁ち合わせ図の寸法でバイアスに裁つ。

●出来上がり寸法（a・b共通）
M…バスト100cm　ゆき丈約63.5cm
着丈100cm
L…バスト104cm　ゆき丈約63.5cm
着丈100cm
LL…バスト110cm　ゆき丈約63.5cm
着丈100cm

材料

a
木綿…110cm幅　240cm
接着芯（ニット地タイプ）…35×30cm
ボタン…直径1.5cm　1個

b
綿麻…115cm幅　240cm
ボタン…直径1.5cm　1個

作り方のポイント

aはえりぐりを見返しで始末し、bのえりぐりは切り替え布をつける。そのほかの作り方は同じ。

作り方

＊aはえりぐり見返しの裏面に接着芯を貼る。
＊わき・そで下・すそ・袋布のわきの縫い代、見返しの外回り（aのみ）にジグザグミシン（またはロックミシン）をかける。

裁ち合わせ図

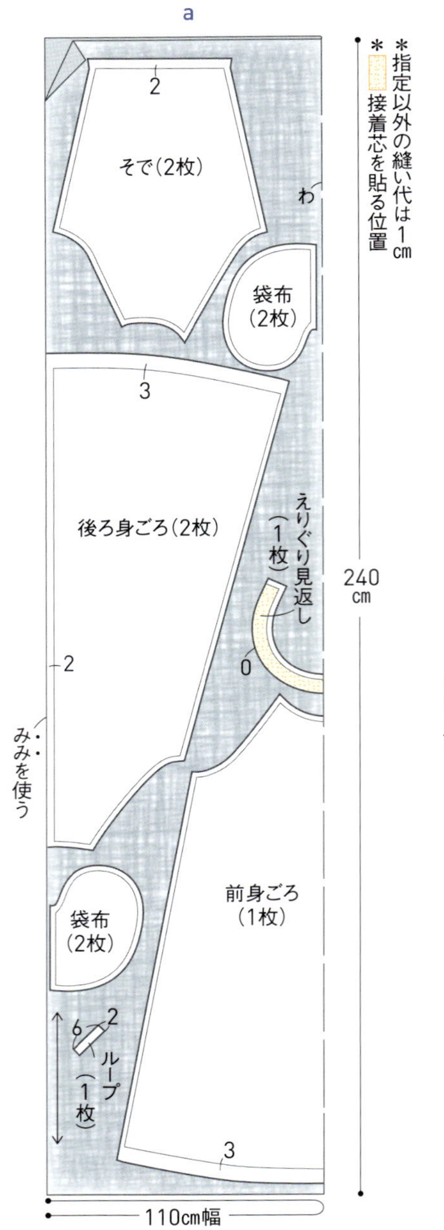

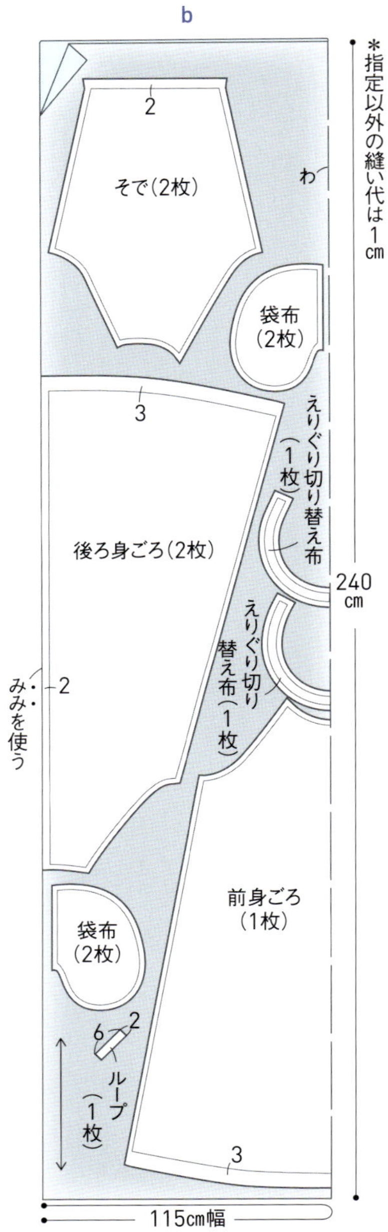

1. 後ろ中央をあき止まりからすそまで縫い、縫い代を割る
2. そでをつける
3. えりぐりを縫う。aは見返しで縫い返し→p.61③、bは切り替え布をつける→p.62③
4. そで下～わきを続けて縫う→p.62
5. ポケットを作る→p.62
6. そで口の始末をする→p.52⑤
7. すその始末をする→p.52⑥
8. 後ろあきにループをつける→p.62

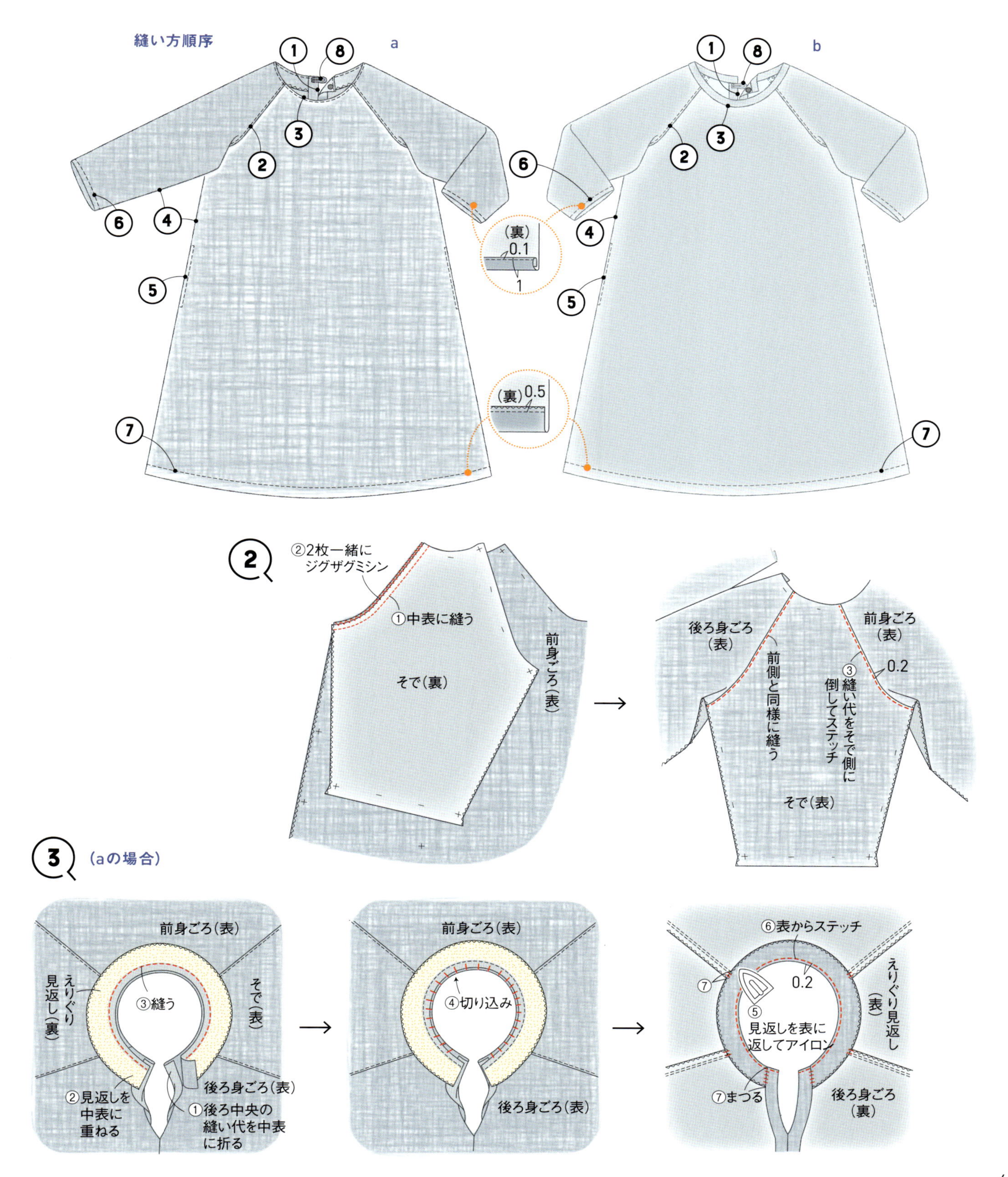

縫い方順序
a
b
(裏)
0.1
1
(裏)0.5
②2枚一緒に
ジグザグミシン
①中表に縫う
そで(裏)
前身ごろ(表)
後ろ身ごろ(表)
前側と同様に縫う
前身ごろ(表)
③縫い代をそで側に倒してステッチ
0.2
そで(表)
(aの場合)
前身ごろ(表)
えりぐり見返し(裏)
③縫う
そで(表)
後ろ身ごろ(表)
②見返しを中表に重ねる
①後ろ中央の縫い代を中表に折る
前身ごろ(表)
④切り込み
後ろ身ごろ(表)
⑥表からステッチ
0.2
⑦
⑤見返しを表に返してアイロン
えりぐり見返し(表)
⑦まつる
後ろ身ごろ(裏)

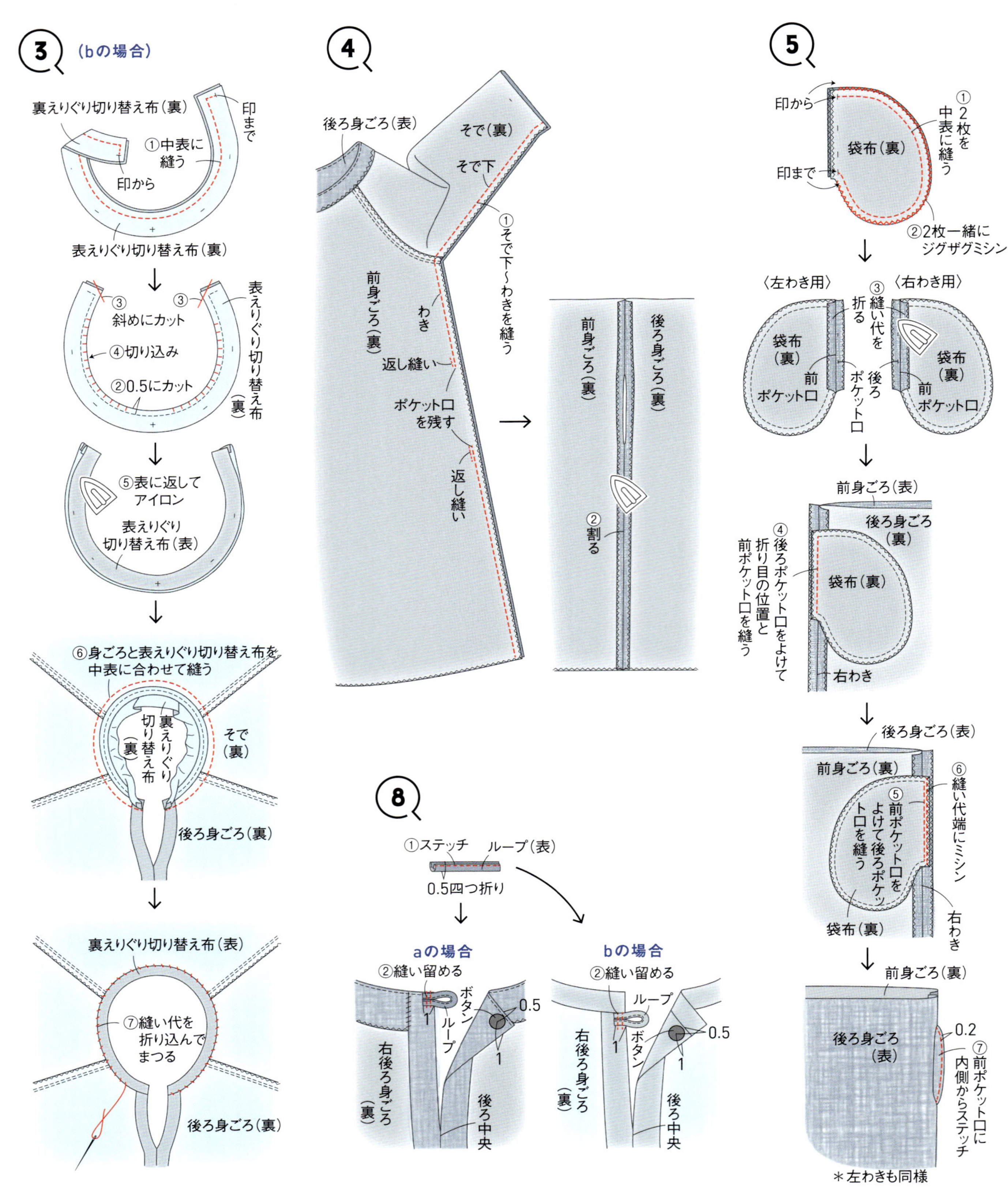
3
（bの場合）
裏えりぐり切り替え布（裏）
印まで
①中表に縫う
印から
表えりぐり切り替え布（裏）
③斜めにカット
③
表えりぐり切り替え布（裏）
④切り込み
②0.5にカット
⑤表に返してアイロン
表えりぐり切り替え布（表）
⑥身ごろと表えりぐり切り替え布を中表に合わせて縫う
裏えりぐり切り替え布（裏）
そで（裏）
後ろ身ごろ（裏）
裏えりぐり切り替え布（表）
⑦縫い代を折り込んでまつる
後ろ身ごろ（裏）
4
後ろ身ごろ（表）
そで（裏）
そで下
①そで下〜わきを縫う
前身ごろ（裏）
わき
返し縫い
ポケット口を残す
返し縫い
前身ごろ（裏）
後ろ身ごろ（裏）
②割る
5
印から
印まで
袋布（裏）
①2枚を中表に縫う
②2枚一緒にジグザグミシン
〈左わき用〉
〈右わき用〉
③縫い代を折る
袋布（裏）
前ポケット口
後ろポケット口
袋布（裏）
前ポケット口
前身ごろ（表）
後ろ身ごろ（表）
④後ろポケット口をよけて折り目の位置と前ポケット口を縫う
袋布（裏）
右わき
後ろ身ごろ（表）
前身ごろ（裏）
⑤前ポケット口をよけて後ろポケット口を縫う
⑥縫い代端にミシン
袋布（裏）
右わき
前身ごろ（裏）
後ろ身ごろ（表）
0.2
⑦前ポケット口に内側からステッチ
＊左わきも同様
8
①ステッチ
ループ（表）
0.5四つ折り
aの場合
②縫い留める
ボタン
ループ
0.5
1
1
右後ろ身ごろ（裏）
後ろ中央
bの場合
②縫い留める
ループ
ボタン
0.5
1
1
右後ろ身ごろ（裏）
後ろ中央

バルーンワンピース

▶使用型紙（C面）
前身ごろ　後ろ身ごろ　そで　前見返し
後ろ見返し

●出来上がり寸法
M…バスト103cm　着丈93cm
　そで丈27cm
L…バスト107cm　着丈93cm
　そで丈27cm
LL…バスト113cm　着丈93cm
　そで丈27cm

材料
木綿　緑の段染め…110cm幅
　M210cm／L・LL220cm
接着芯（ニット地タイプ）…40×25cm

作り方
＊各見返しの裏面に接着芯を貼る。
＊肩・わき・そで下の縫い代、見返しの外回りにジグザグミシン（またはロックミシン）をかけておく。

1. **肩を縫う。身ごろ、見返しとも前と後ろを中表に合わせて肩を縫い、縫い代を割る**
2. **えりぐりを縫う**
3. **そでをつける→p.51③**
4. **そで下〜わきを続けて縫う→p.52④**
5. **そで口の始末をする→p.52⑤**
6. **すその始末をする→p.52⑥**

縫い方順序

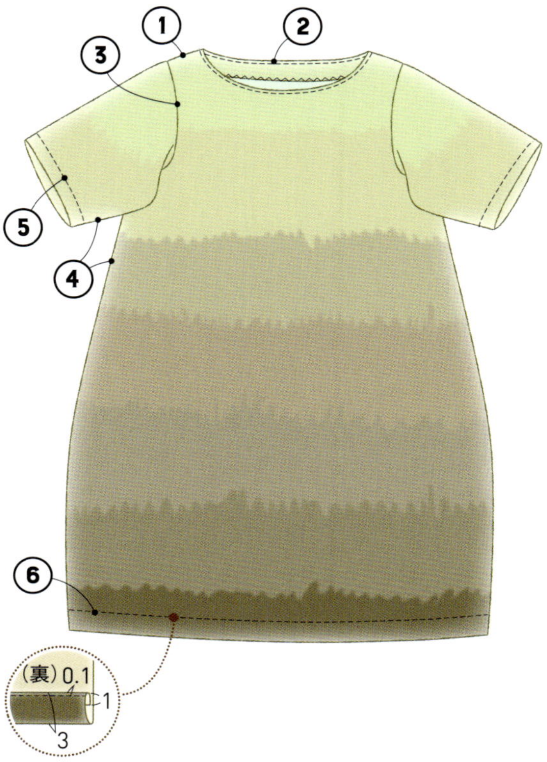

裁ち合わせ図

＊指定以外の縫い代は1cm
＊　接着芯を貼る位置

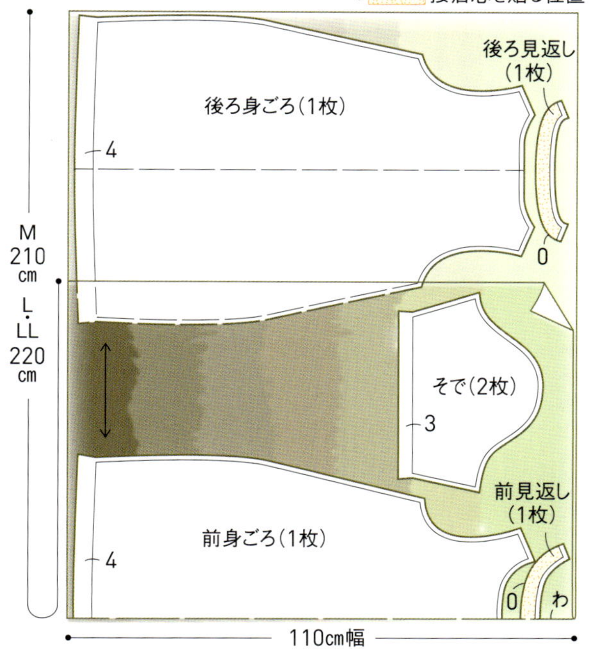

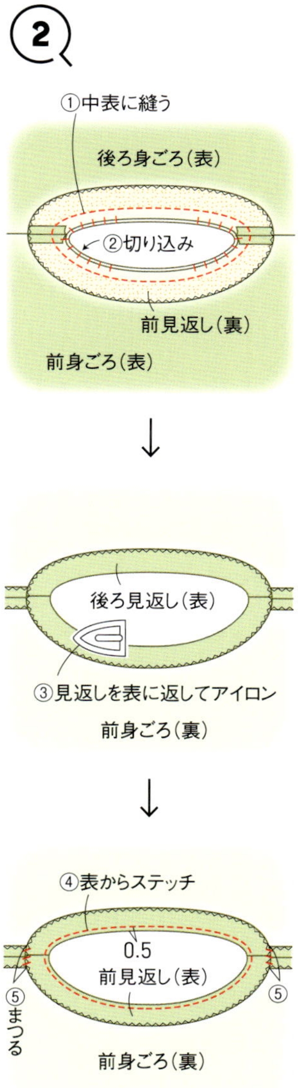

②

フードつきストール

▶**使用型紙（D面）**
本体
＊本体の型紙は上部だけなので、裁ち合わせ図を参考に全体の長さを120cmにする。

●出来上がり寸法
幅32cm　長さ120cm

材料
ウールガーゼ…135cm幅　80cm

作り方

1. 下端にフリンジを作る
2. 後ろ中央を縫い、端の始末をする
3. 前端の縫い代を三つ折りにしてステッチをかける

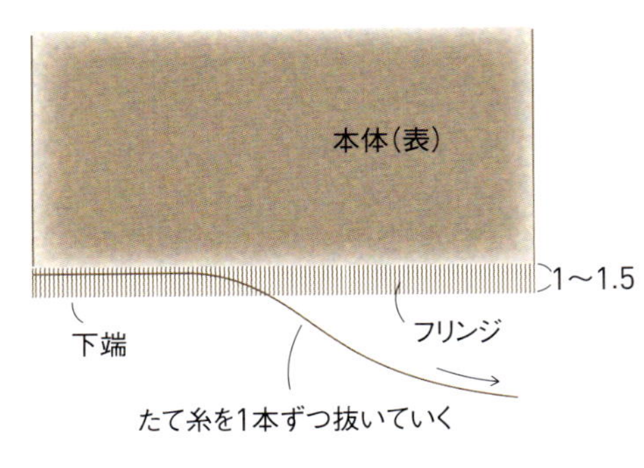

縫い方順序

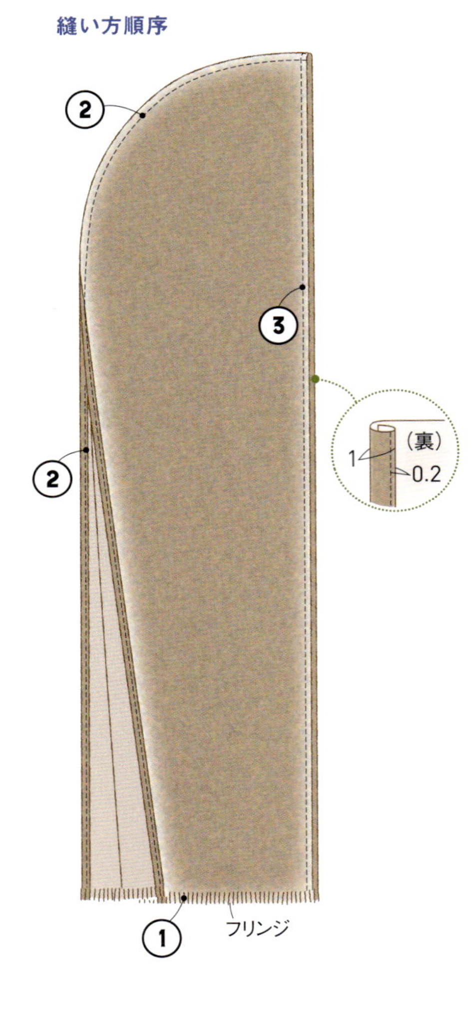

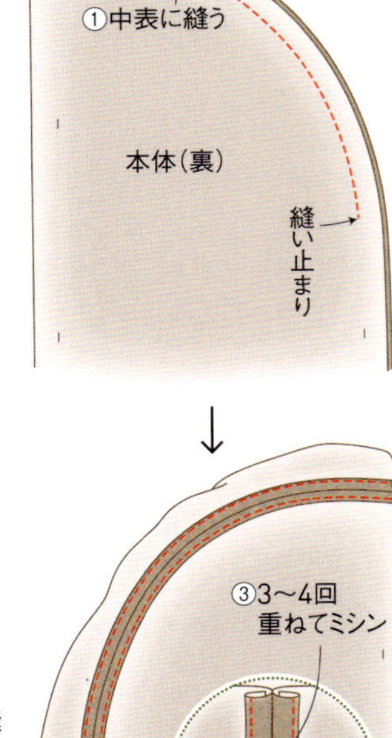

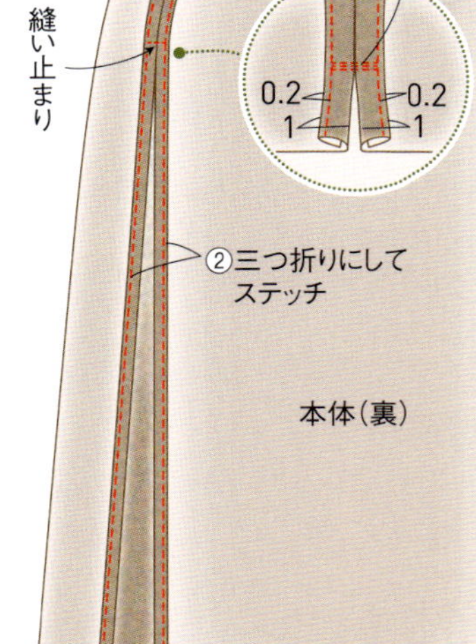

裁ち合わせ図

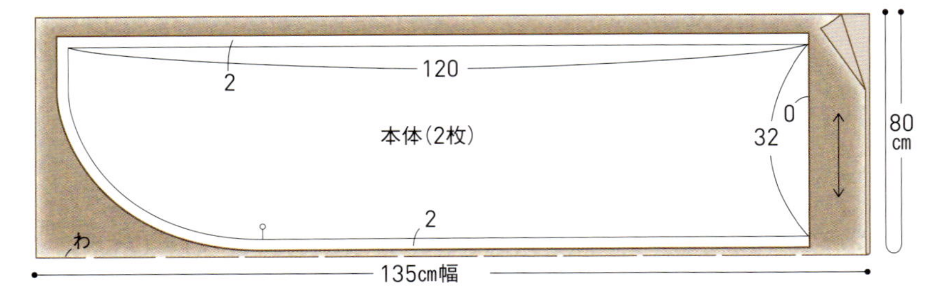

ブローチ

▶**使用型紙**　下図参照

●出来上がり寸法
丸形　直径4㎝、　だ円形　4.5×3.5㎝

材料

丸形a
麻　柄布…7×7㎝（本体）
フェルト　黒…3.5×3.5㎝（当て布）
つつみボタン芯…直径4㎝　1個
ブローチピン　シルバー
…長さ2.5㎝　1個
化繊綿…適宜

丸形b
布地のみみ　生成り…1.5㎝幅　適宜
（周りの飾り）
そのほかの材料は丸形aと同じ

だ円形
木綿　柄布…7×6㎝（本体）
フェルト　黒…4×3㎝（当て布）
つつみボタン芯…4.5×3.5㎝　1個
ブローチピン　シルバー
…長さ2.5㎝　1個
化繊綿…適宜
手縫い糸　布地の色めに近いもの

作り方のポイント
＊丸形bの飾りは布地のみみを使用しているが、レースやリボン、はぎれを細長くカットして使用してもよい。
＊丸形aとだ円形は①-④まで、丸形bは①-⑧まで作ってから②へ進む。

作り方
＊実物大型紙と寸法図を参照して各パーツを裁ち切りで裁つ。

1 本体を作る
2 丸形bは本体に飾りをつける
3 当て布にブローチピンをつける
4 本体に当て布を縫い留める

寸法図

丸形a
本体（柄布）1枚
7
当て布（フェルト）1枚
3.5

だ円形
本体（柄布）1枚
6
7
当て布（フェルト）1枚
2.7
3.8

1
本体（裏）
0.5縫い代
①本体の周囲を0.5の縫い代でぐし縫いする
②糸は表面に出し、針はつけたままにしておく
綿
③つつみボタン芯と化繊綿を入れる
④糸を引き絞り、1針返し縫いをして玉留め

［丸形bの作り方］
⑤好みの長さにカットした布のみみをぐし縫いする
1.5
布のみみ側
綿
⑧①の裏に縫い留める
⑥タックを取るように糸を引き絞り、①の周囲の長さまで縮める
布の端は0.5重ねる
約0.5
本体（表）
⑦表面から0.5出す

2
0.8
当て布（表）
ブローチピンを縫い留める

3
当て布（表）
当て布を①の裏面に重ねて周囲をまつる

実物大型紙

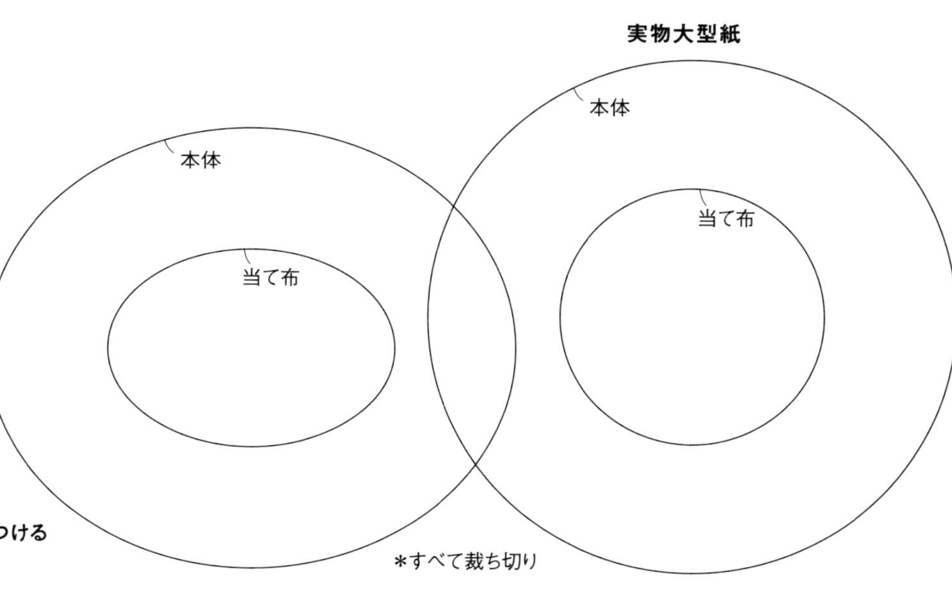

Vネックのチュニックa・b

▶**使用型紙（D面）**
前身ごろ　後ろ身ごろ　そで　前見返し
後ろ見返し　刺しゅう図案（aのみ）

●出来上がり寸法
M…バスト103cm　着丈94.5cm
　そで丈a27cm／b48.5cm
L…バスト107cm　着丈94.5cm
　そで丈a27cm／b48.5cm
LL…バスト113cm　着丈94.5cm
　そで丈a27cm／b48.5cm

材料

a
綿麻…110cm幅　240cm
接着芯（ニット地タイプ）…50×30cm
25番刺しゅう糸　茶色・緑・黄色
　…各適宜

b
麻…119cm幅　260cm
接着芯…50×30cm

作り方のポイント

aは半そで、bは長そで、aはえりぐりに刺しゅう（ステッチの刺し方はp.55参照）を加えるが、そのほかの作り方は同じ。

作り方

＊各見返しの裏面に接着芯を貼る。
＊肩・わき・そで下の縫い代、見返しの外回りにジグザグミシン（またはロックミシン）をかける。

裁ち合わせ図

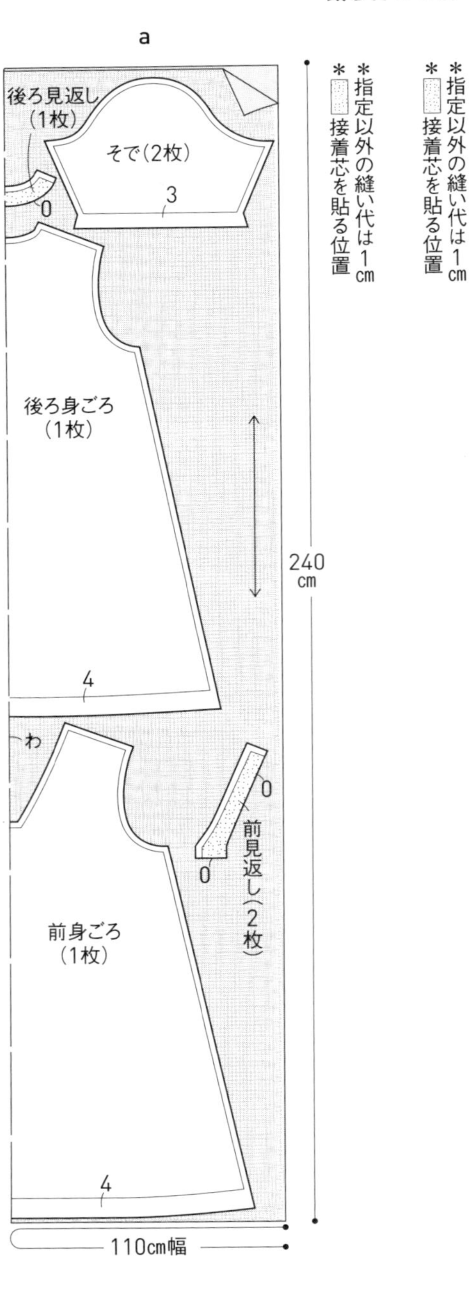

1. **身ごろ、見返しの肩をそれぞれ縫い合わせて縫い代を割る。次にaは身ごろのえりぐりに図案を写して刺しゅうをする**
2. **えりぐりを縫い、タックをたたむ**
3. **そでをつける→p.51③**
4. **そで下〜わきを縫う→p.52④**
5. **そで口の始末をする→p.52⑤**
6. **すその始末をする→p.52⑥**

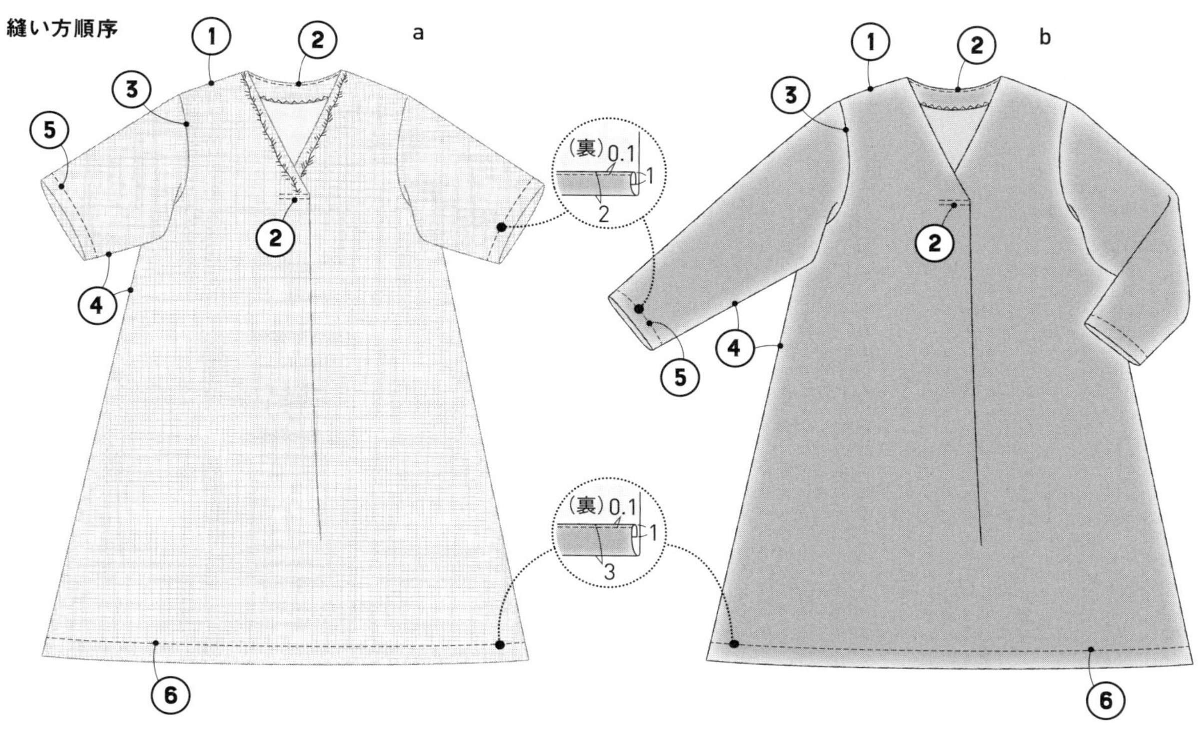
縫い方順序
a
b
(裏)0.1
1
2
(裏)0.1
1
3

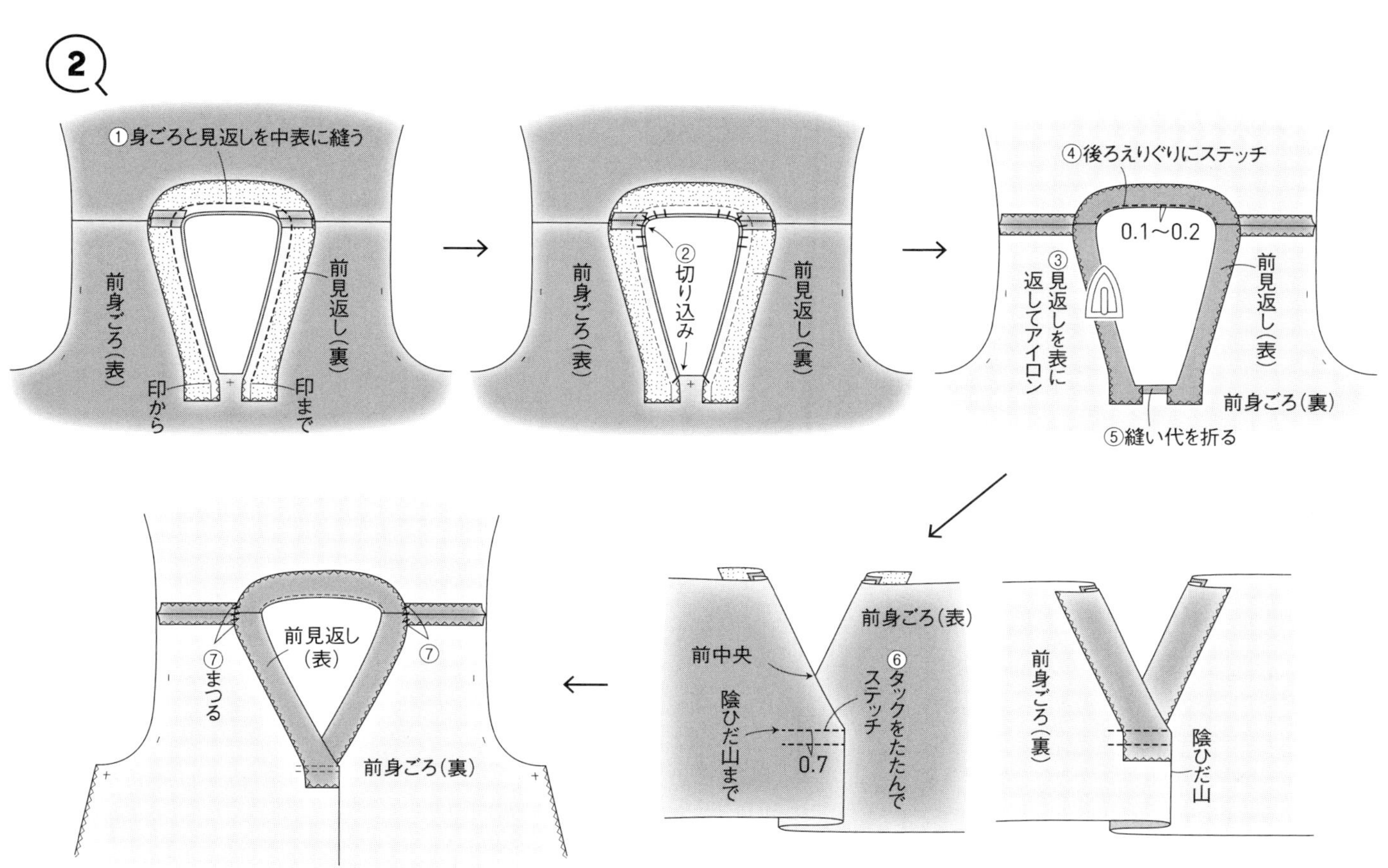
①身ごろと見返しを中表に縫う
前身ごろ(表)
前見返し(裏)
印から
印まで
②切り込み
前身ごろ(表)
前見返し(裏)
④後ろえりぐりにステッチ
0.1〜0.2
③見返しを表に返してアイロン
前見返し(表)
前身ごろ(裏)
⑤縫い代を折る
前身ごろ(表)
前中央
⑥タックをたたんでステッチ
陰ひだ山まで
0.7
前身ごろ(裏)
陰ひだ山
前見返し(表)
⑦まつる
⑦
前身ごろ(裏)

ロングカーディガン a・b・c

▶使用型紙（B面）

前身ごろ　後ろ身ごろ　そで　袋布

＊えりぐりの始末に使うバイアス布は、型紙を作らずに裁ち合わせ図の寸法で直接布を裁つ。

●出来上がり寸法（共通）

M…バスト約110cm　ゆき丈約72cm　着丈94cm

L…バスト約114cm　ゆき丈約73cm　着丈94cm

LL…バスト約120cm　ゆき丈約74.5cm　着丈94cm

材料

a　綿麻…110cm幅　360cm

b　綿麻…115cm幅　360cm

c　ダブルガーゼ…120cm幅　360cm

接着テープ…1cm幅　34cm

作り方のポイント

＊えりの部分は1枚で仕立てているため、布の裏面が表側に出る。そのため表・裏のない布、裏面が見えても気にならない布を選ぶ。

＊a、b、cの3点は布地違いで作り方は同じ。

作り方

＊前ポケット口の縫い代の裏面に接着テープを貼る。

＊後ろ身ごろの後ろ中央とわき・そで下・袋布の外回りの縫い代に、ジグザグミシン（またはロックミシン）をかけておく。

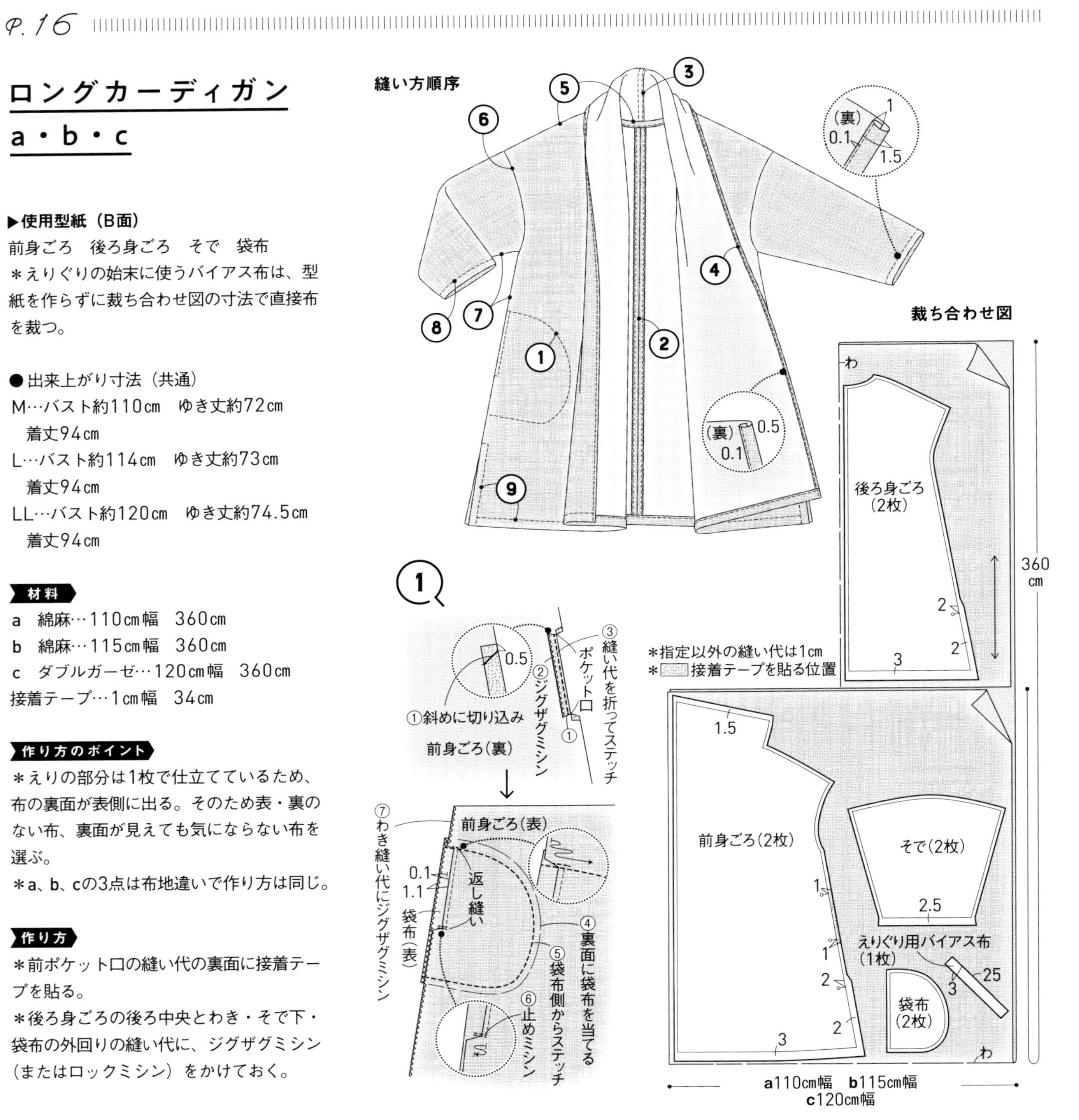

① 前身ごろにポケットを作る

② 後ろ身ごろの後ろ中央を縫い、縫い代を割る

③ えりの後ろ中央を折り伏せ縫いで縫う

④ 前端～えり外回りの縫い代を三つ折りにしてステッチをかける

⑤ 肩～えりぐりを縫う

⑥ そでをつける→p.51③　ただしそで下は出来上がりの印で縫い止める

⑦ そで下～わきを縫う→p.52④　ただし前ポケット口を縫い込まないように注意し、スリット止まりで縫い止める

⑧ そで口の始末をする→p.52⑤

⑨ すそ、スリットの始末をする

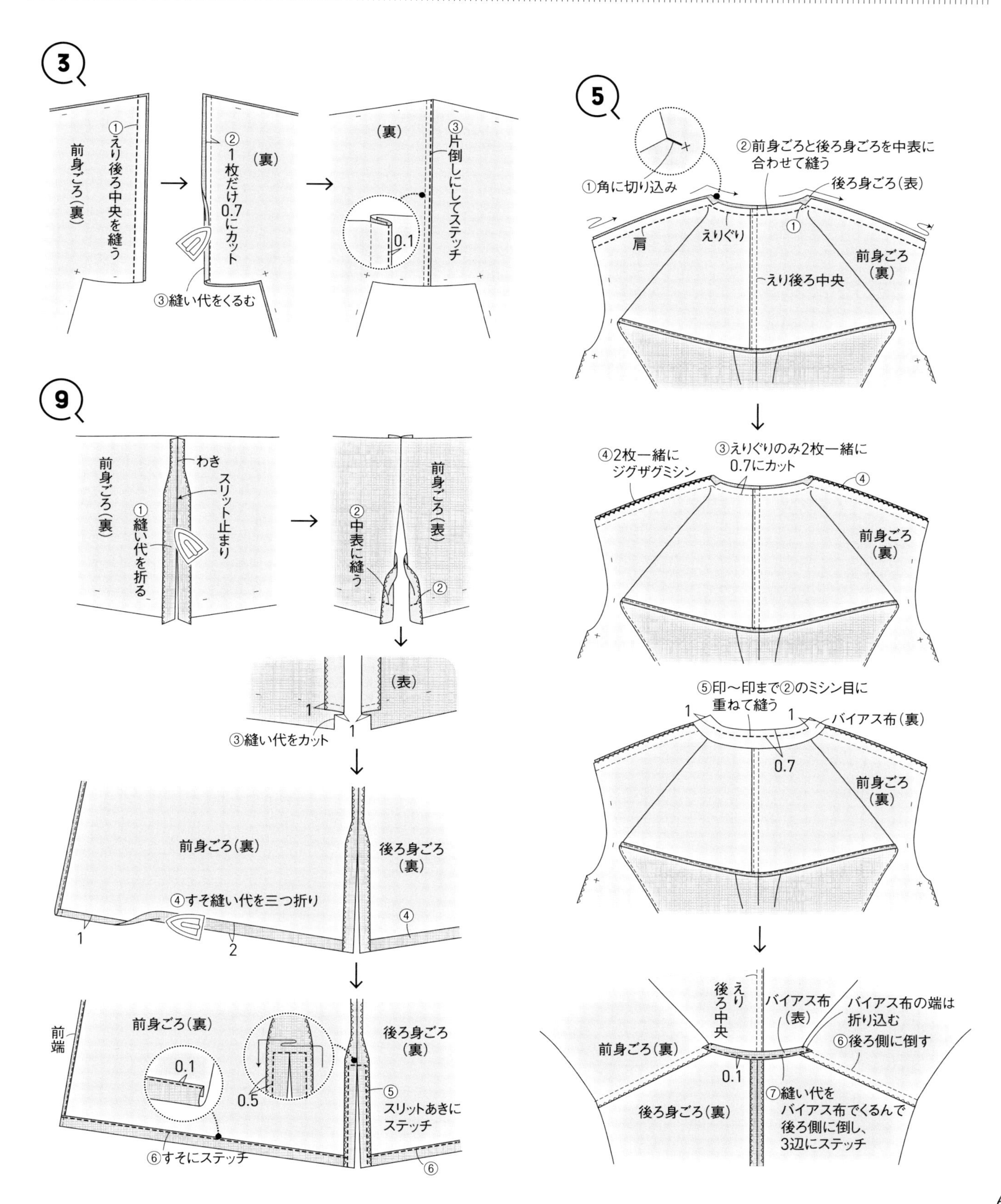
3
前身ごろ（裏）
①えり後ろ中央を縫う
②1枚だけ0.7にカット
（裏）
③縫い代をくるむ
（裏）
③片倒しにしてステッチ
0.1
5
①角に切り込み
②前身ごろと後ろ身ごろを中表に合わせて縫う
後ろ身ごろ（表）
肩
えりぐり
①
前身ごろ（裏）
えり後ろ中央
④2枚一緒にジグザグミシン
③えりぐりのみ2枚一緒に0.7にカット
④
前身ごろ（裏）
⑤印～印まで②のミシン目に重ねて縫う
1
1
バイアス布（裏）
0.7
前身ごろ（裏）
えり後ろ中央
バイアス布（表）
バイアス布の端は折り込む
⑥後ろ側に倒す
前身ごろ（裏）
0.1
後ろ身ごろ（裏）
⑦縫い代をバイアス布でくるんで後ろ側に倒し、3辺にステッチ
9
前身ごろ（裏）
わき
スリット止まり
①縫い代を折る
②中表に縫う
前身ごろ（表）
②
（表）
1
1
③縫い代をカット
前身ごろ（裏）
後ろ身ごろ（裏）
④すそ縫い代を三つ折り
1
2
④
前端
前身ごろ（裏）
0.1
0.5
後ろ身ごろ（裏）
⑤スリットあきにステッチ
⑥すそにステッチ
⑥

スタンドカラーのブラウスa・b

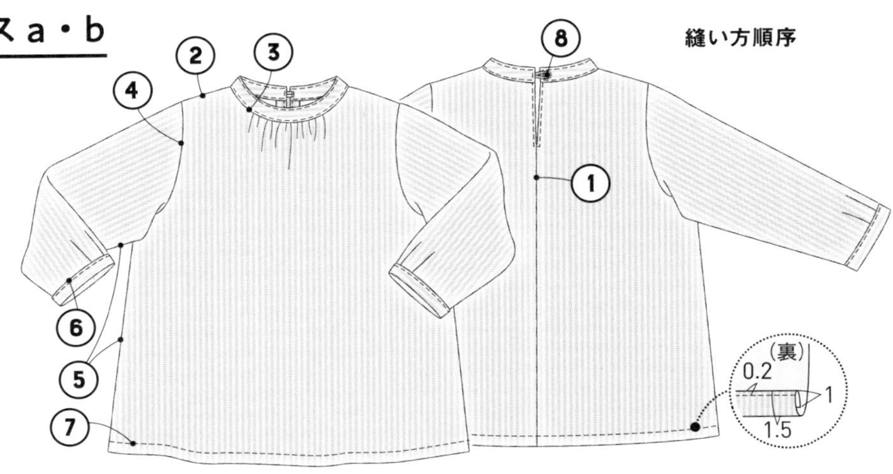

▶使用型紙（D面）
前身ごろ　後ろ身ごろ　そで　えり
カフス
＊ループは型紙を作らずに裁ち合わせ図の寸法で直接布を裁つ。

●出来上がり寸法
M…バスト110cm　そで丈45cm
着丈a65cm／b61cm
L…バスト114cm　そで丈45cm
着丈a65cm／b61cm
LL…バスト120cm　そで丈45cm
着丈a65cm／b61cm

材料

a
木綿　ストライプ…110cm幅　170cm
ボタン…直径1.5cm　1個
b
綿麻　花柄…110cm幅　190cm
ボタン…直径1cm　1個

作り方のポイント

＊作品aとbは着丈をかえているが、作り方は同じ。
＊bの花プリントは方向のある柄なので、布を裁つときは、型紙を一方向に配置して裁断をする。

作り方

＊後ろ中央・肩・わき・そで下の縫い代にジグザグミシン（またはロックミシン）をかけておく。

1. **後ろ中央を縫い、あきを作る**
2. **肩を縫い、縫い代を割る**
3. **えりを作ってつける**
4. **そでをつける→p.51③**
5. **そで下〜わきを続けて縫う→p.52④**
6. **そで口にカフスをつける**
7. **すその始末をする→p.52⑥**
8. **ループとボタンをつける**

裁ち合わせ図

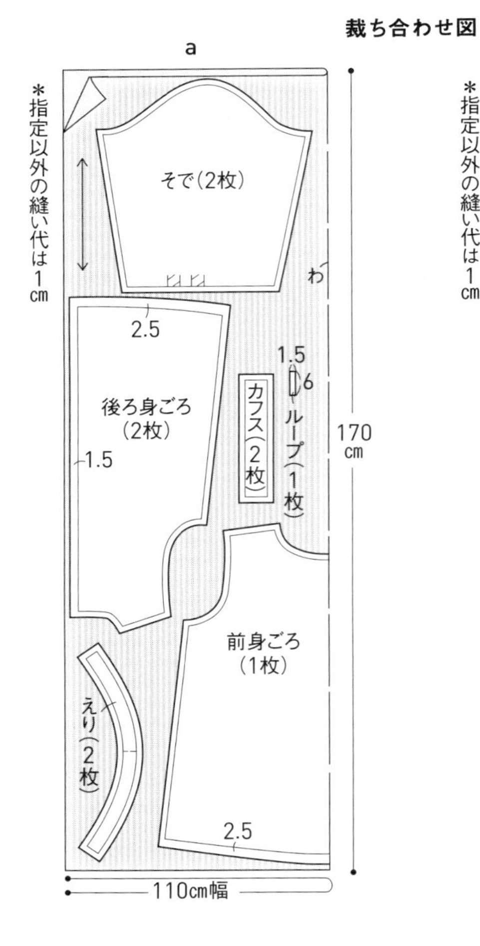

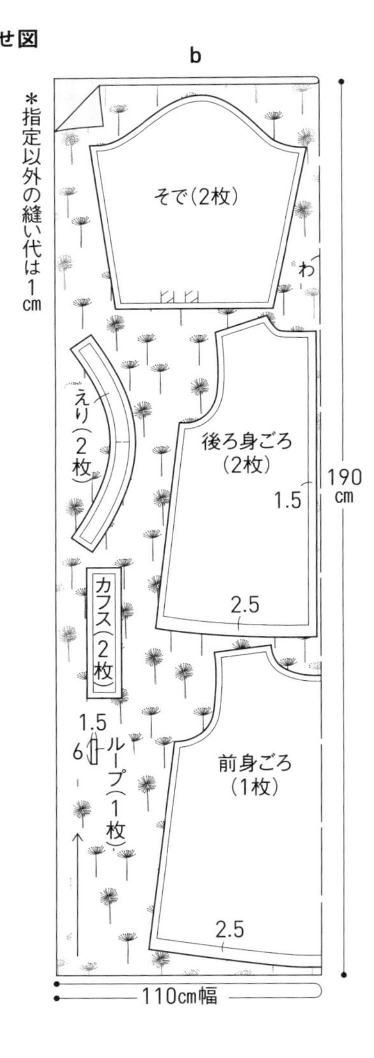

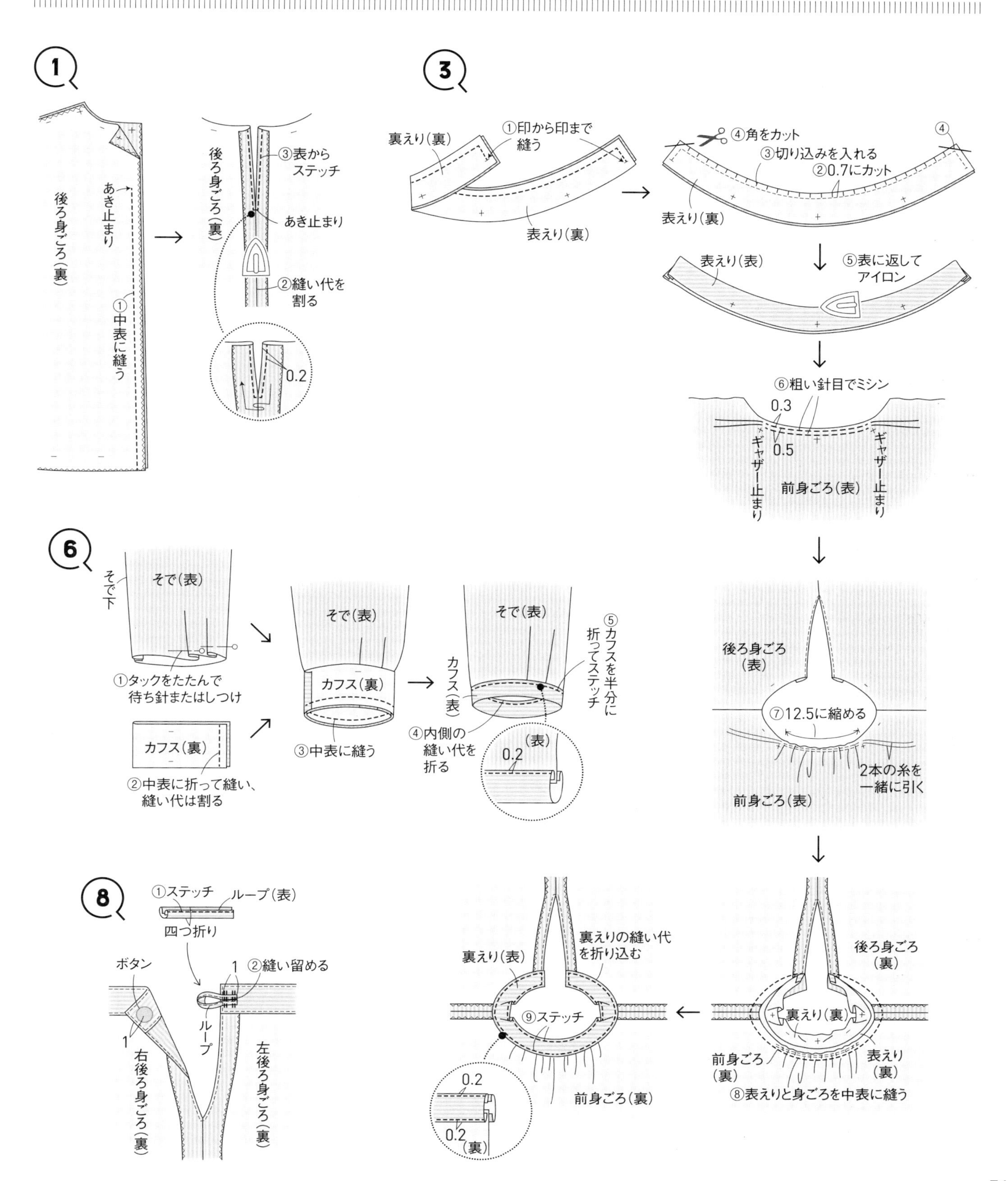
1
後ろ身ごろ(裏)
あき止まり
①中表に縫う
後ろ身ごろ(裏)
③表からステッチ
あき止まり
②縫い代を割る
0.2
3
裏えり(裏)
①印から印まで縫う
表えり(裏)
④角をカット
③切り込みを入れる
②0.7にカット
④
表えり(裏)
表えり(表)
⑤表に返してアイロン
⑥粗い針目でミシン
0.3
0.5
ギャザー止まり
前身ごろ(表)
ギャザー止まり
後ろ身ごろ(表)
⑦12.5に縮める
2本の糸を一緒に引く
前身ごろ(表)
6
そで下
そで(表)
①タックをたたんで待ち針またはしつけ
カフス(裏)
②中表に折って縫い、縫い代は割る
そで(表)
カフス(裏)
③中表に縫う
そで(表)
カフス(表)
⑤カフスを半分に折ってステッチ
④内側の縫い代を折る
(表)
0.2
8
①ステッチ
ループ(表)
四つ折り
ボタン
1
②縫い留める
1
ループ
右後ろ身ごろ(裏)
左後ろ身ごろ(裏)
裏えり(表)
裏えりの縫い代を折り込む
⑨ステッチ
0.2
0.2
(裏)
前身ごろ(裏)
後ろ身ごろ(裏)
裏えり(裏)
前身ごろ(裏)
表えり(裏)
⑧表えりと身ごろを中表に縫う

Tシャツ風ブラウスa・b・c

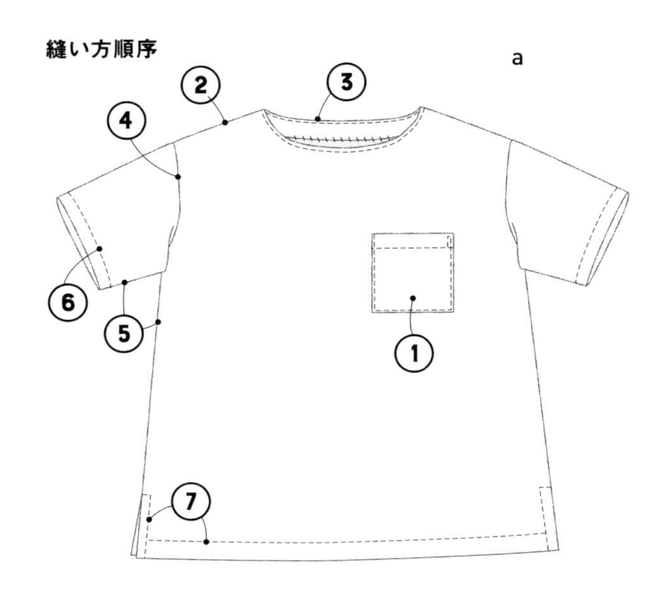

▶使用型紙（C面）
前身ごろ　後ろ身ごろ　そで　前見返し
後ろ見返し　ポケット

●出来上がり寸法
M…バスト116.5cm　ゆき丈約46.5cm
着丈a70cm／b67.5cm／c62cm
L…バスト120.5cm　ゆき丈約47.5cm
着丈a70cm／b67.5cm／c62cm
LL…バスト126.5cm　ゆき丈約48.5cm
着丈a70cm／b67.5cm／c62cm

材料
a　ダブルガーゼ…120cm幅　190cm
b　ダブルガーゼ…120cm幅　180cm
c　ダブルガーゼ…120cm幅　170cm
接着芯（ニット地タイプ）…70×15cm

作り方のポイント
作品a・b・cは丈をかえている。さらに、a・bはわきにスリットあきを作る。それ以外の作り方は3点同じ。

作り方
＊各見返しの裏面に接着芯を貼る。
＊肩・わき（スリット分含む）・そで下の縫い代にジグザグミシン（またはロックミシン）をかけておく。

1. ポケットを作り、左胸につける
2. 肩を縫い、縫い代を割る→p.51①
3. えりぐりを縫う→p.51②
4. そでをつける→p.51③
5. そで下〜わきを続けて縫う→p.52④
ただしa・bはスリット止まりで縫い止める
6. そで口の始末をする→p.52⑤
7. cはすその始末をする→p.52⑥
a・bはすそとスリットのあきの始末をする

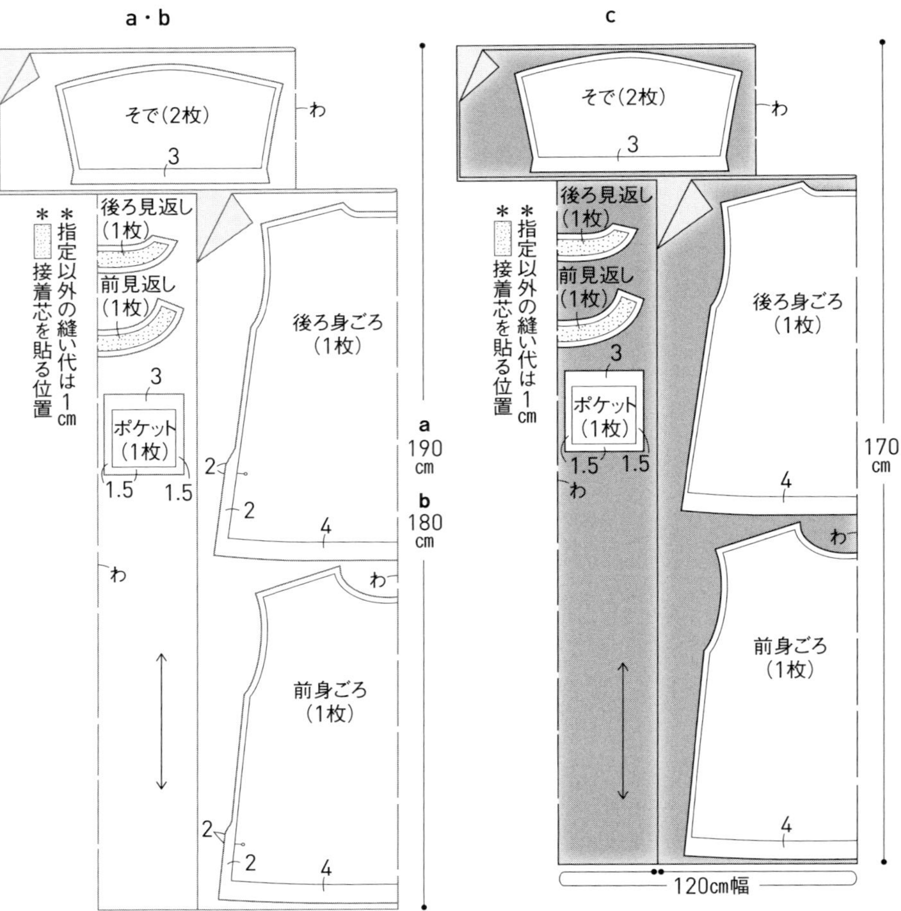

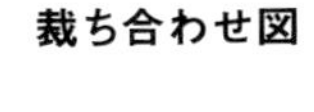

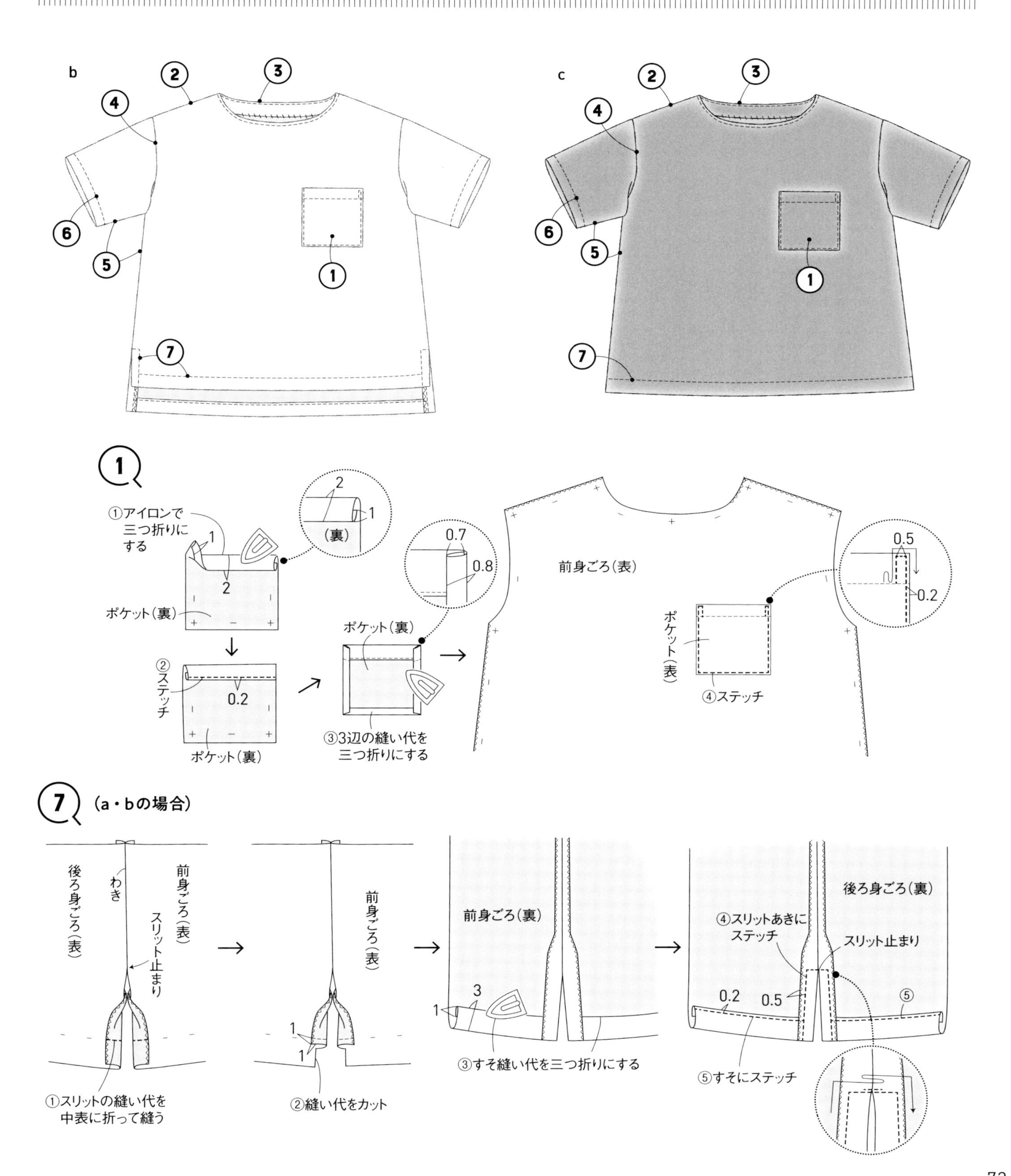

b
c
1
①アイロンで
三つ折りに
する
2
1
(裏)
ポケット(裏)
②ステッチ
0.2
ポケット(裏)
③3辺の縫い代を
三つ折りにする
0.7
0.8
前身ごろ(表)
ポケット(表)
④ステッチ
0.5
0.2
7
(a・bの場合)
後ろ身ごろ(表)
わき
前身ごろ(表)
スリット止まり
①スリットの縫い代を
中表に折って縫う
前身ごろ(表)
②縫い代をカット
前身ごろ(裏)
3
③すそ縫い代を三つ折りにする
後ろ身ごろ(裏)
④スリットあきに
ステッチ
スリット止まり
0.2
0.5
⑤
⑤すそにステッチ

タックスカート

●出来上がり寸法
M～LL…ヒップ106㎝
スカート丈72㎝

材料
木綿　青の段染め…110㎝幅
230㎝
木綿　黒…35×120㎝（すそ布）
ゴムテープ…3㎝幅　適宜

作り方のポイント
＊製図、裁ち合わせ図を参照して布を裁つ。
＊ゴムテープの長さは試着をして決める。
＊布を縦地で使用する場合は、120㎝幅以上の布を使う。
＊ペタンコバッグの作り方はp.82参照。

作り方
＊スカートのウエスト以外、すそ布の周囲の縫い代にジグザグミシン（またはロックミシン）をかけておく。

1. スカートとすそ布を縫う
2. タックを縫う
3. わきを縫う
4. すその始末をする
5. ウエストの始末をする
6. ウエストにゴムテープを通す

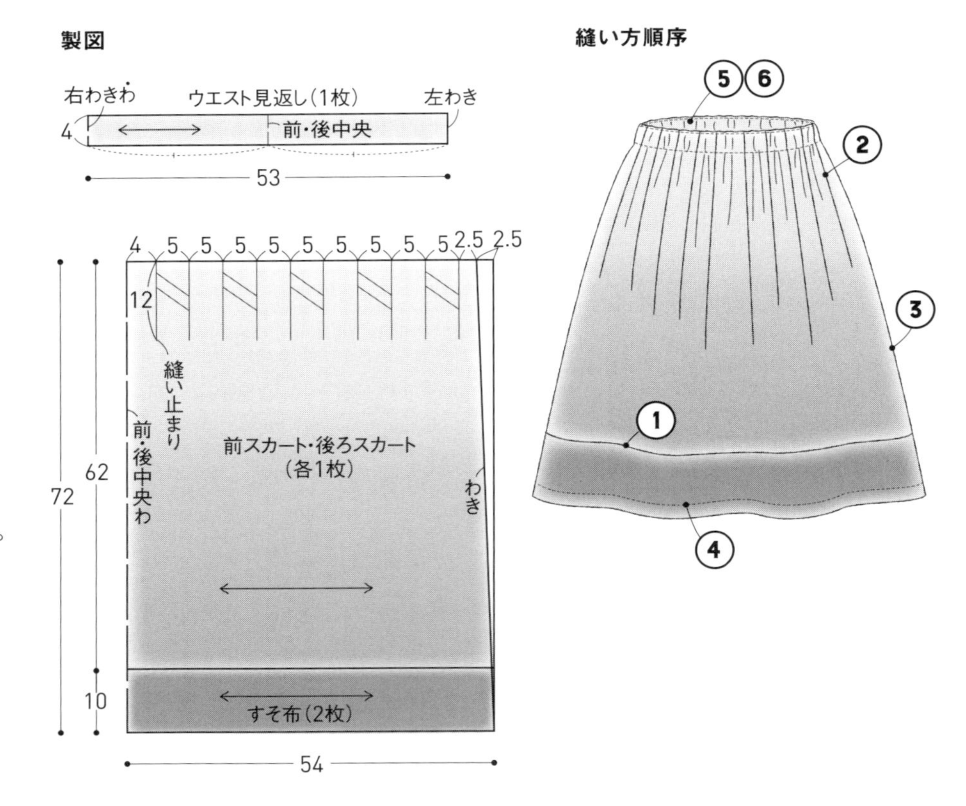

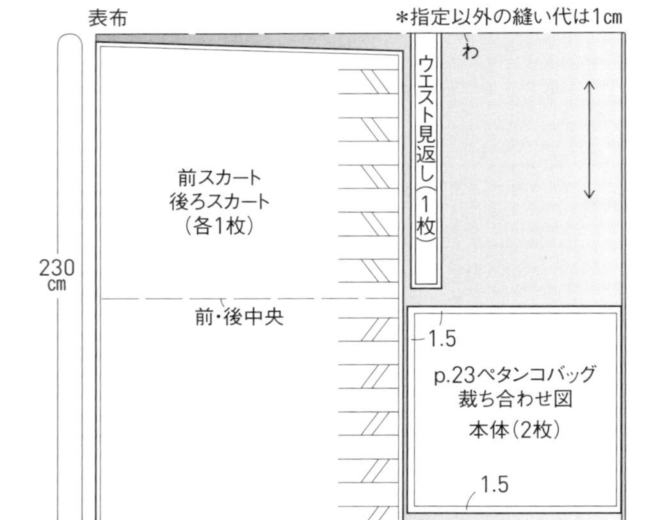

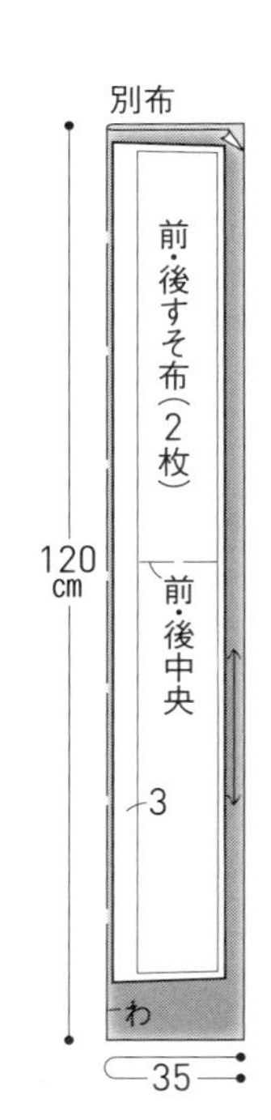

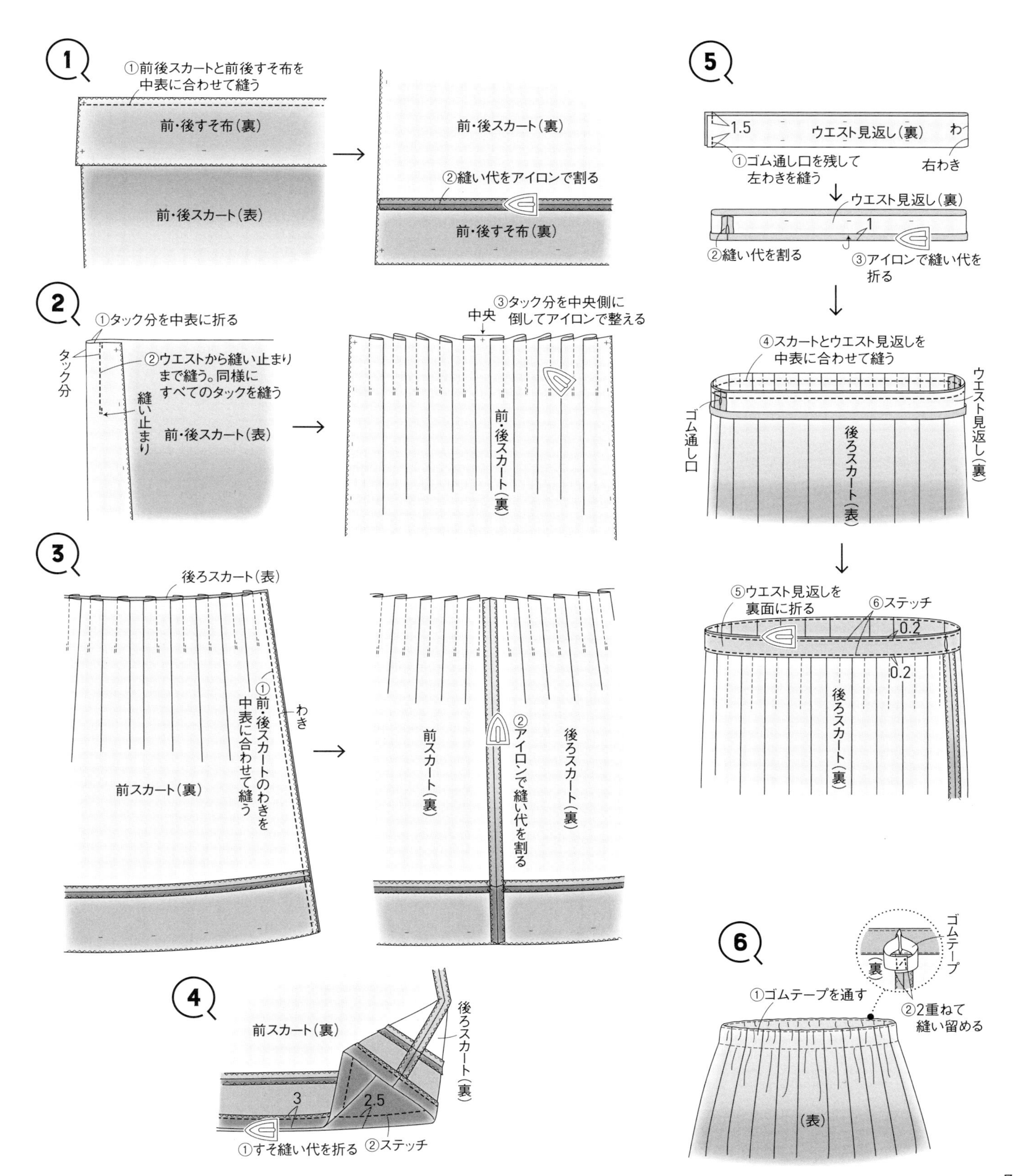
1
①前後スカートと前後すそ布を中表に合わせて縫う
前・後すそ布(裏)
前・後スカート(表)
前・後スカート(裏)
②縫い代をアイロンで割る
前・後すそ布(裏)
2
①タック分を中表に折る
タック分
②ウエストから縫い止まりまで縫う。同様にすべてのタックを縫う
縫い止まり
前・後スカート(表)
③タック分を中央側に倒してアイロンで整える
中央
前・後スカート(裏)
3
後ろスカート(表)
①前・後スカートのわきを中表に合わせて縫う
わき
前スカート(裏)
前スカート(裏)
②アイロンで縫い代を割る
後ろスカート(裏)
4
前スカート(裏)
後ろスカート(裏)
3
2.5
①すそ縫い代を折る
②ステッチ
5
1.5
ウエスト見返し(裏)
わ
①ゴム通し口を残して左わきを縫う
右わき
ウエスト見返し(裏)
1
②縫い代を割る
③アイロンで縫い代を折る
④スカートとウエスト見返しを中表に合わせて縫う
ゴム通し口
後ろスカート(表)
ウエスト見返し(裏)
⑤ウエスト見返しを裏面に折る
⑥ステッチ
0.2
0.2
後ろスカート(裏)
6
ゴムテープ
(裏)
①ゴムテープを通す
②2重ねて縫い留める
(表)

8分丈パンツ

▶使用型紙（A面）
前パンツ　後ろパンツ　後ろポケット

●出来上がり寸法
M…ヒップ105cm　パンツ丈75.5cm
L…ヒップ109cm　パンツ丈76.5cm
LL…ヒップ115cm　パンツ丈77.5cm

材料
生成り
麻…135cm幅　180cm
サックスブルー
麻…165cm幅　120cm
ゴムテープ…3cm幅　適宜

作り方のポイント
ゴムテープの長さは試着をして決める。

作り方
＊わき・また下縫い代にジグザグミシン（またはロックミシン）をかけておく。

1. ポケットを作ってつける
2. わきを縫う
3. また下を縫う
4. すその始末をする
5. またぐりを縫う
6. ウエストの始末をする
7. ウエストにゴムテープを通す

裁ち合わせ図　生成り

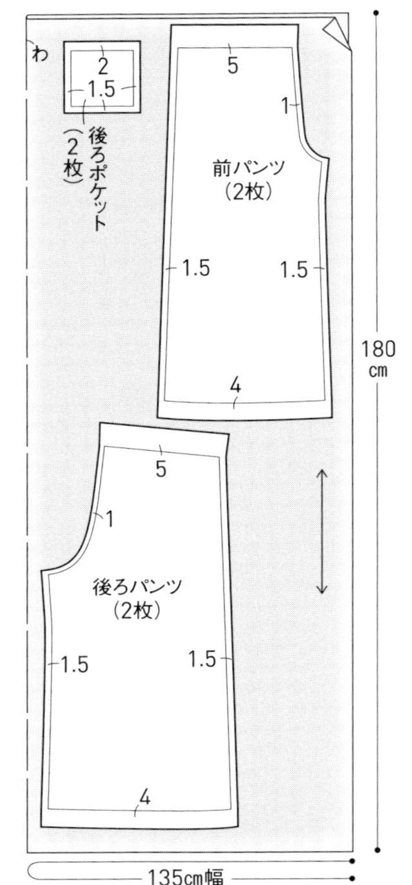

裁ち合わせ図　サックスブルー

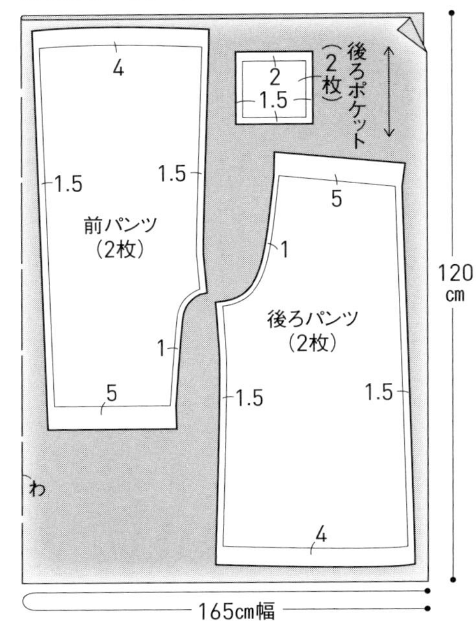

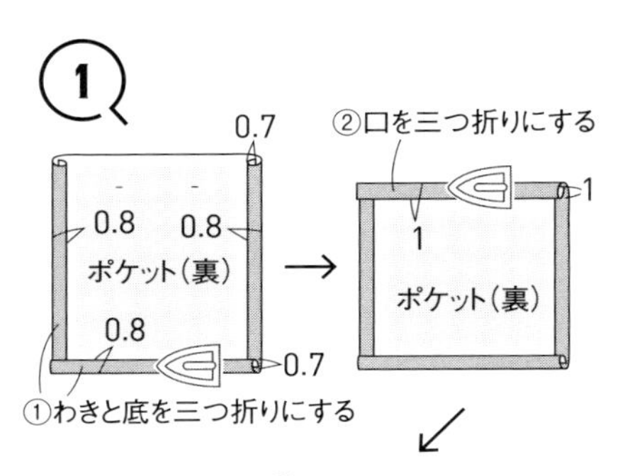

縫い方順序

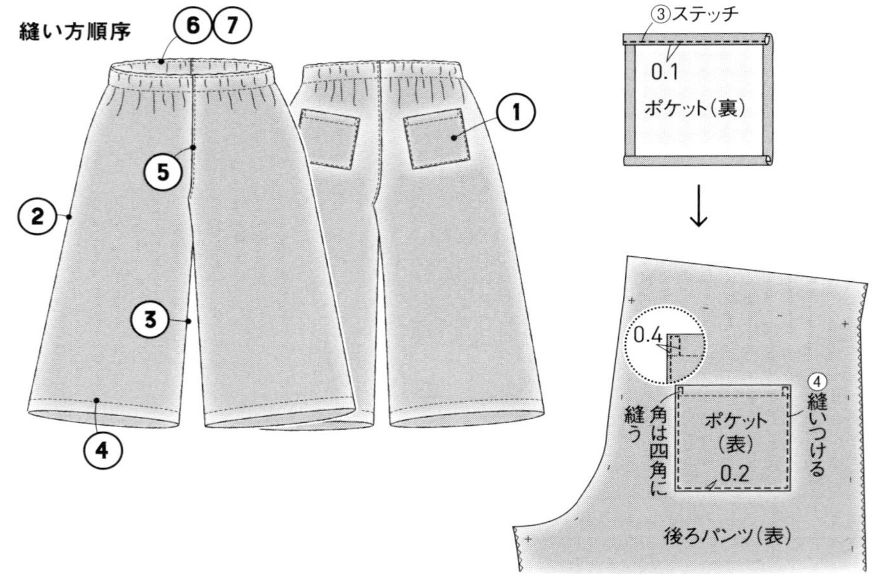

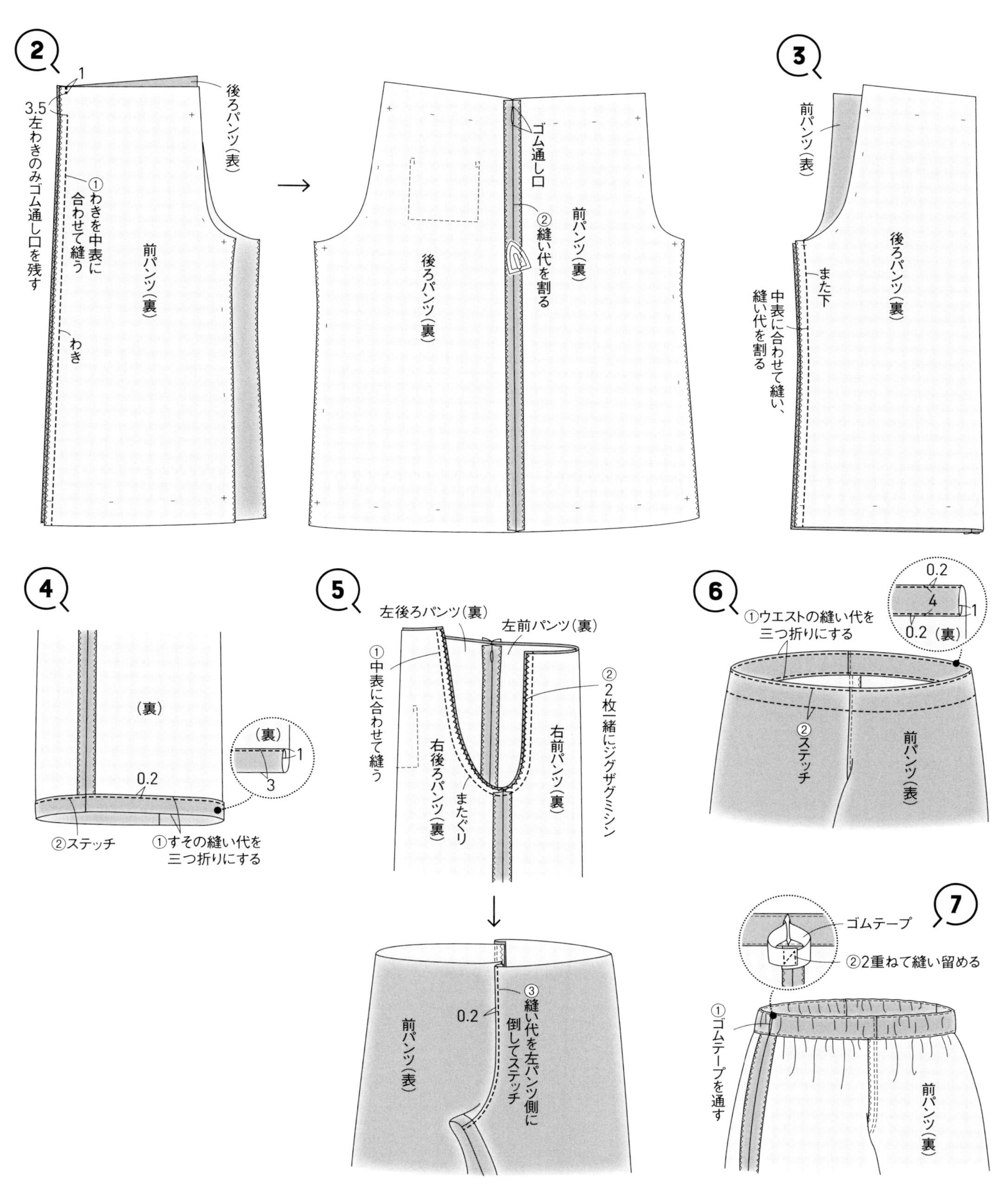
2
1
3.5
左わきのみゴム通し口を残す
①わきを中表に合わせて縫う
わき
後ろパンツ（表）
前パンツ（裏）
ゴム通し口
②縫い代を割る
前パンツ（裏）
後ろパンツ（裏）
3
前パンツ（表）
後ろパンツ（裏）
また下
中表に合わせて縫い、縫い代を割る
4
（裏）
（裏）
1
3
0.2
②ステッチ
①すその縫い代を三つ折りにする
5
左後ろパンツ（裏）
左前パンツ（裏）
①中表に合わせて縫う
②2枚一緒にジグザグミシン
右後ろパンツ（裏）
右前パンツ（裏）
またぐり
③縫い代を左パンツ側に倒してステッチ
0.2
前パンツ（表）
6
①ウエストの縫い代を三つ折りにする
0.2
4
1
0.2（裏）
②ステッチ
前パンツ（表）
7
ゴムテープ
②2重ねて縫い留める
①ゴムテープを通す
前パンツ（裏）

ストレートパンツ

▶**使用型紙（B面）**
前パンツ　後ろパンツ　ポケット
ポケット口見返し

●出来上がり寸法
M…ヒップ103㎝　パンツ丈90㎝
L…ヒップ107㎝　パンツ丈91㎝
LL…ヒップ113㎝　パンツ丈92㎝

材料
インディゴブルー
ソフトデニム…145㎝幅　180㎝
ベージュ
綿麻…110㎝幅　210㎝
ゴムテープ　3㎝幅　適宜

作り方のポイント
ゴムテープの長さは試着をして決める。

作り方
＊わき・また下・ポケットのウエストとポケット口以外・ポケット口見返しのウエストとポケット口以外の縫い代にジグザグミシン（またはロックミシン）をかけておく。

1. **ポケットを作ってつける**
2. **わきを縫う**
3. **また下を縫う**
4. **すその始末をする**
5. **またぐりを縫う**
6. **ウエストの始末をする**
7. **ウエストにゴムテープを通す**

裁ち合わせ図　インディゴブルー

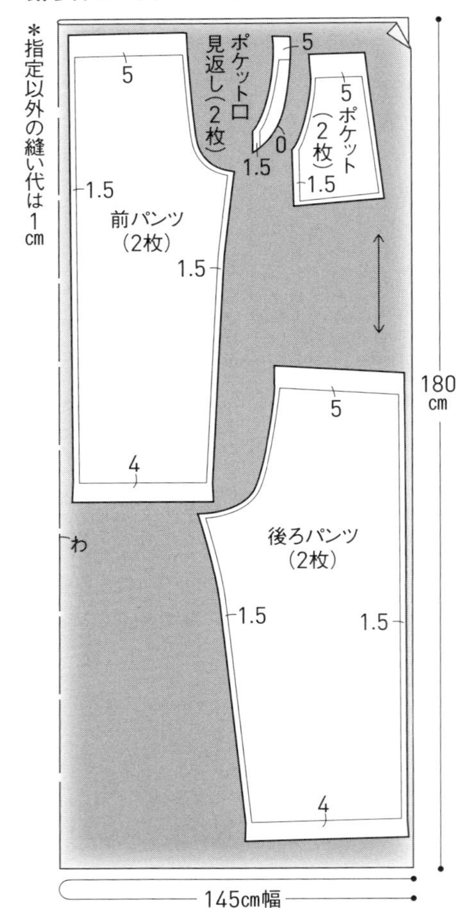

裁ち合わせ図　ベージュ

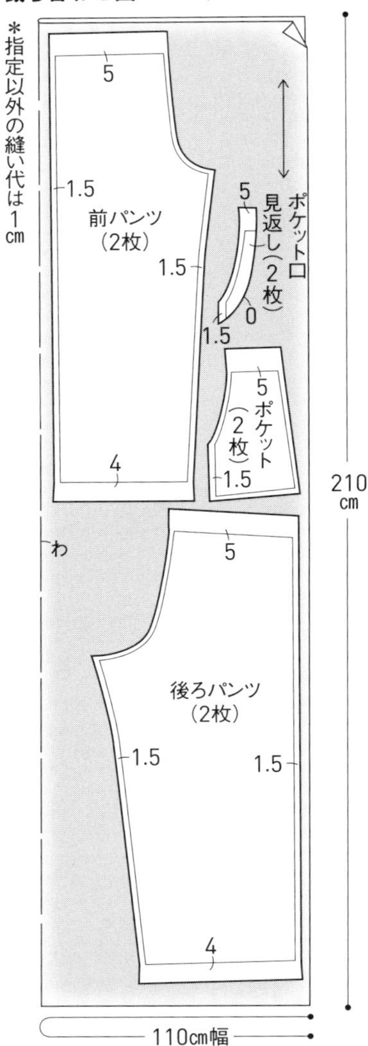

縫い方順序

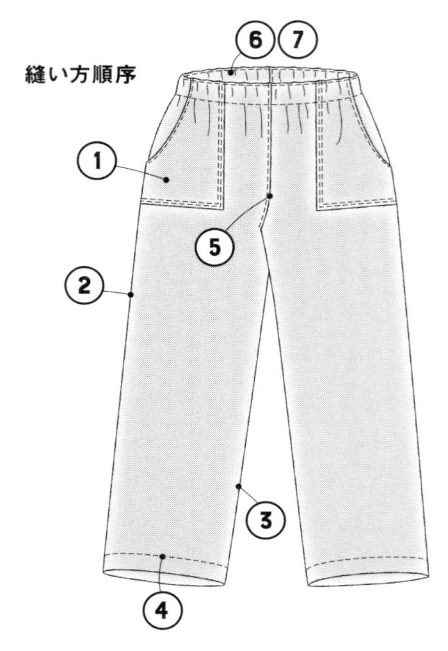

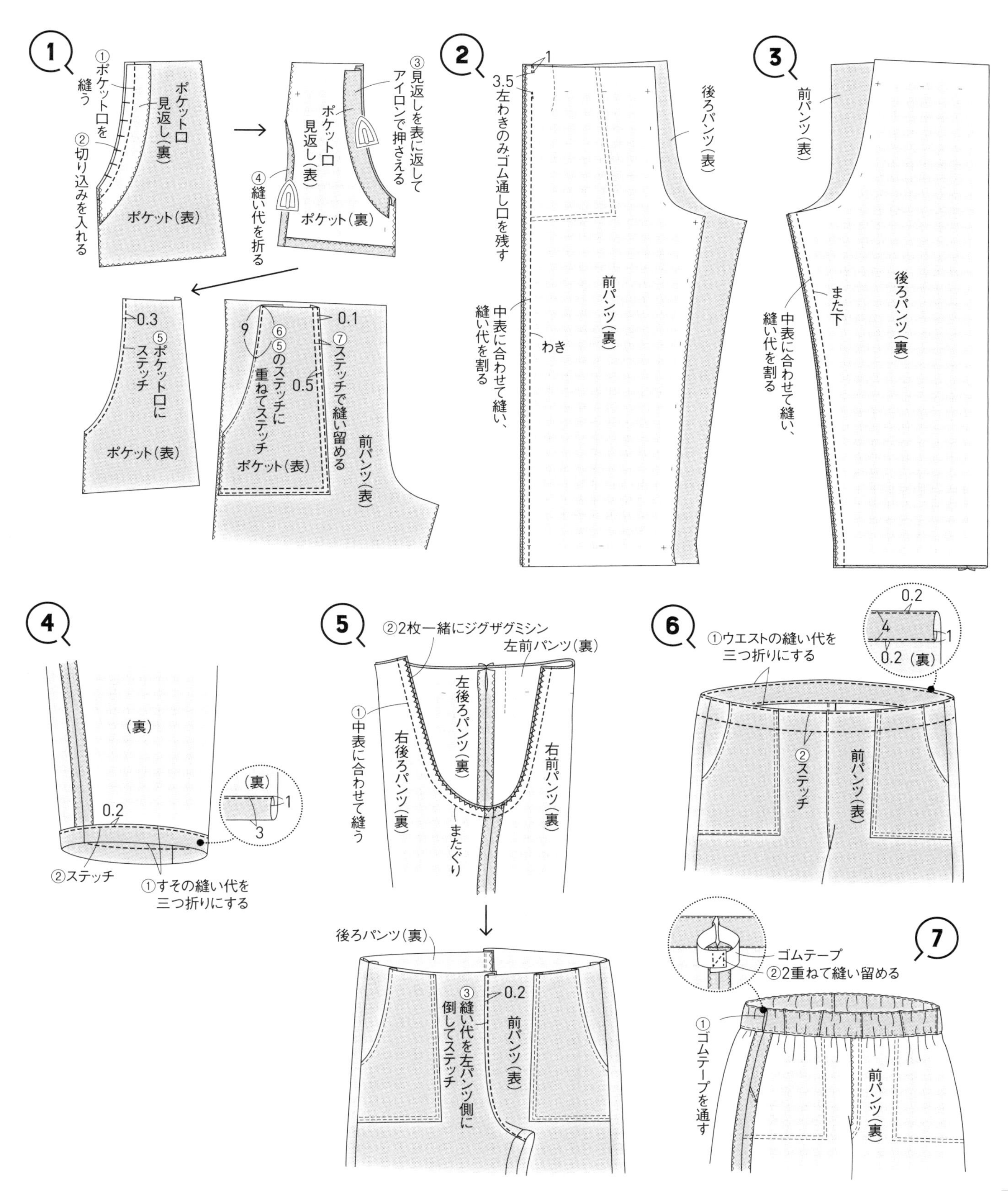
1
①ポケット口を縫う
②切り込みを入れる
ポケット口見返し(裏)
ポケット(表)
③見返しを表に返してアイロンで押さえる
④縫い代を折る
ポケット口見返し(表)
ポケット(裏)
0.3
⑤ポケット口にステッチ
ポケット(表)
9
⑥⑤のステッチに重ねてステッチ
0.1
⑦ステッチで縫い留める
0.5
ポケット(表)
前パンツ(表)
2
1
3.5
左わきのみゴム通し口を残す
後ろパンツ(表)
中表に合わせて縫い、縫い代を割る
わき
前パンツ(裏)
3
前パンツ(表)
また下
中表に合わせて縫い、縫い代を割る
後ろパンツ(裏)
4
(裏)
0.2
(裏)
1
3
②ステッチ
①すその縫い代を三つ折りにする
5
②2枚一緒にジグザグミシン
左前パンツ(裏)
①中表に合わせて縫う
左後ろパンツ(裏)
右後ろパンツ(裏)
右前パンツ(裏)
またぐり
後ろパンツ(裏)
③縫い代を左パンツ側に倒してステッチ
0.2
前パンツ(表)
6
①ウエストの縫い代を三つ折りにする
0.2
4
1
0.2
(裏)
②ステッチ
前パンツ(表)
7
ゴムテープ
②2重ねて縫い留める
①ゴムテープを通す
前パンツ(裏)

バルーンパンツ

▶**使用型紙（A面）**
前パンツ　後ろパンツ　ポケットわき布
ポケット口見返し

●出来上がり寸法
M…ヒップ100㎝　パンツ丈80.5㎝
L…ヒップ104㎝　パンツ丈81.5㎝
LL…ヒップ110㎝　パンツ丈82.5㎝

材料
麻…145㎝幅　140㎝
ゴムテープ…3㎝幅　適宜

作り方のポイント
ゴムテープの長さは試着をして決める。

作り方
＊わき・また下・ポケット口見返しのポケット口とウエスト以外の縫い代、ポケットわき布のウエスト以外の縫い代にジグザグミシン（またはロックミシン）をかけておく。

1. **ポケットを作る**
2. **すそのタックを縫う**
3. **わきを縫う**
4. **また下を縫う**
5. **すその始末をする**
6. **またぐりを縫う**
7. **ウエストの始末をする**
8. **ウエストにゴムテープを通す**

縫い方順序

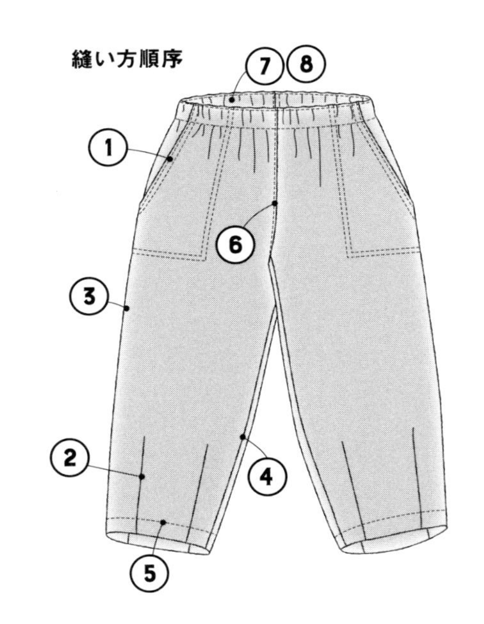

裁ち合わせ図

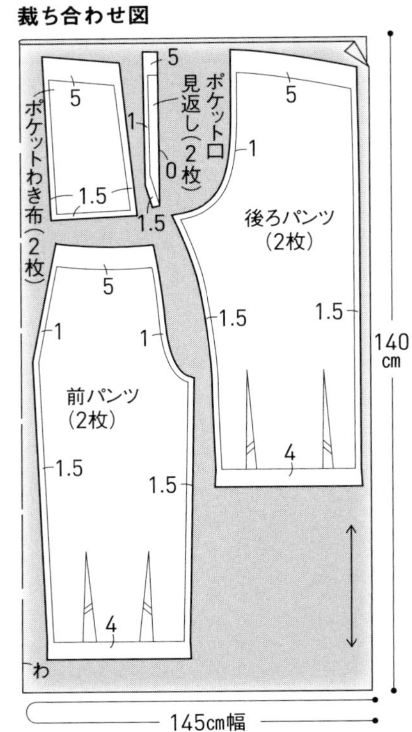

1

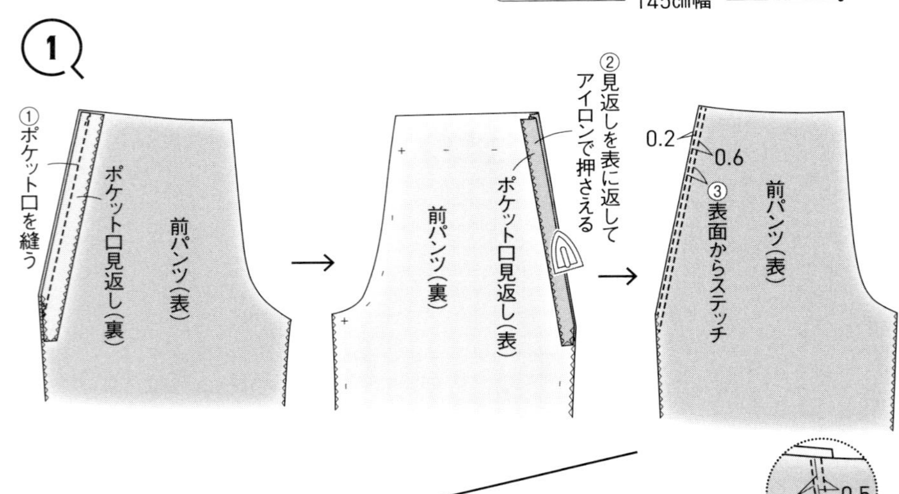

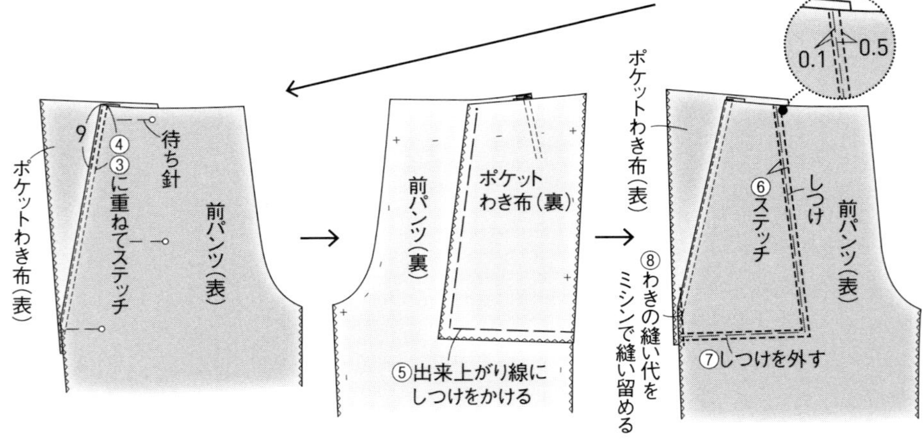

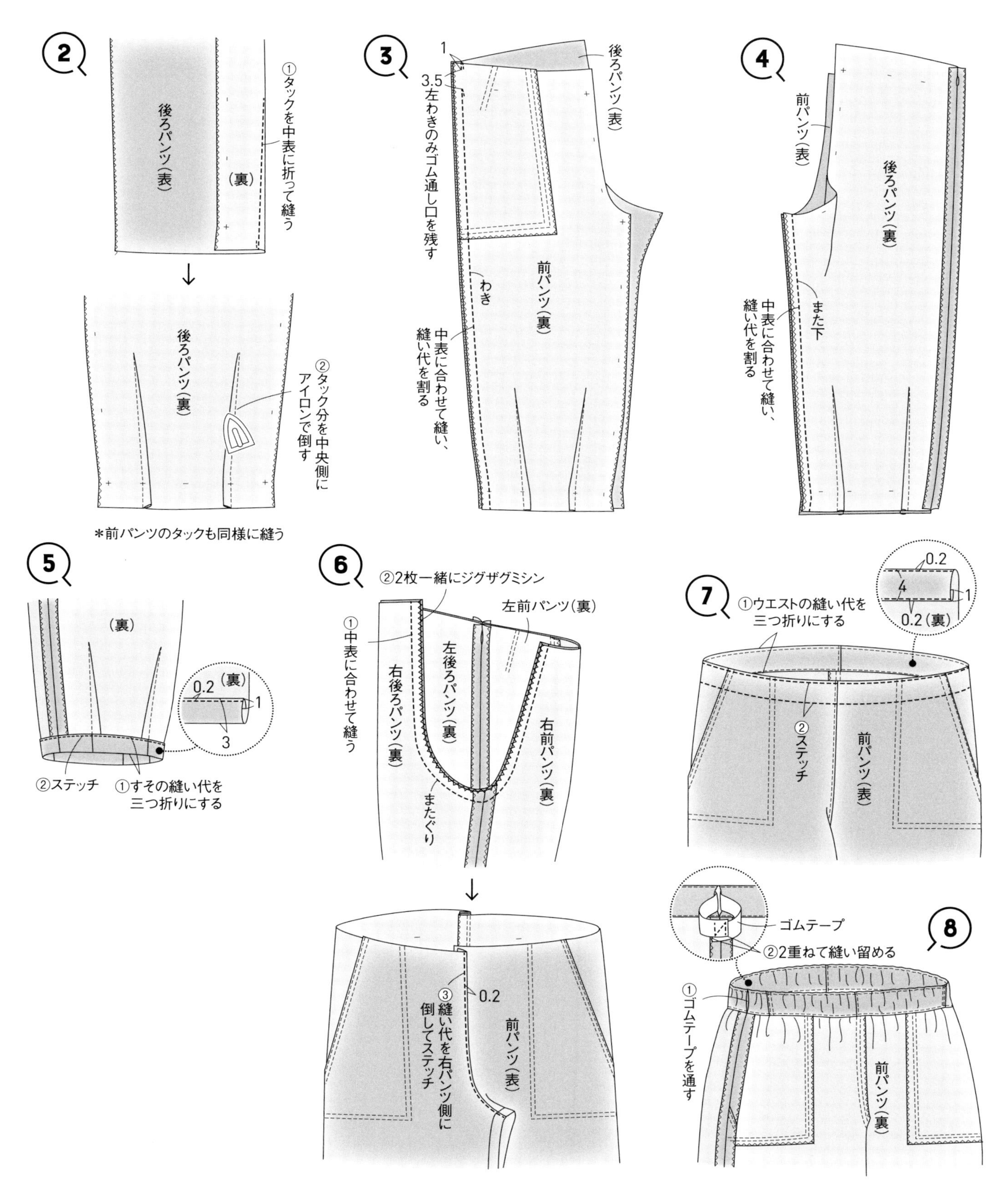
2
後ろパンツ(表)
(裏)
①タックを中表に折って縫う
後ろパンツ(裏)
②タック分を中央側にアイロンで倒す
＊前パンツのタックも同様に縫う
3
1
3.5
左わきのみゴム通し口を残す
後ろパンツ(表)
わき
前パンツ(裏)
中表に合わせて縫い、縫い代を割る
4
前パンツ(表)
後ろパンツ(裏)
また下
中表に合わせて縫い、縫い代を割る
5
(裏)
(裏)
0.2
1
3
②ステッチ
①すその縫い代を三つ折りにする
6
②2枚一緒にジグザグミシン
左前パンツ(裏)
①中表に合わせて縫う
右後ろパンツ(裏)
左後ろパンツ(裏)
右前パンツ(裏)
またぐり
③縫い代を右パンツ側に倒してステッチ
0.2
前パンツ(表)
7
①ウエストの縫い代を三つ折りにする
0.2
4
1
0.2(裏)
②ステッチ
前パンツ(表)
8
ゴムテープ
②2重ねて縫い留める
①ゴムテープを通す
前パンツ(裏)

ペタンコバッグ

●出来上がり寸法
42×43cm

材料

木綿　青の段染め…46×90cm（本体）
木綿　グレー…55×30cm
（見返し、持ち手）

作り方

＊寸法図を参照して各パーツを裁つ（p.74 裁ち合わせ図参照）。

1. 持ち手を2本作る
2. 本体2枚を袋に縫い合わせる（袋縫いをする）
3. 見返しを作る
4. 本体に持ち手と見返しをつける

寸法図

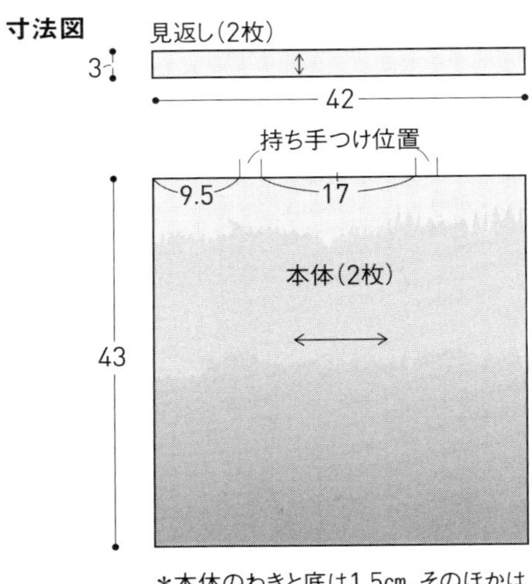

＊本体のわきと底は1.5cm、そのほかは1cmの縫い代をつけて裁つ

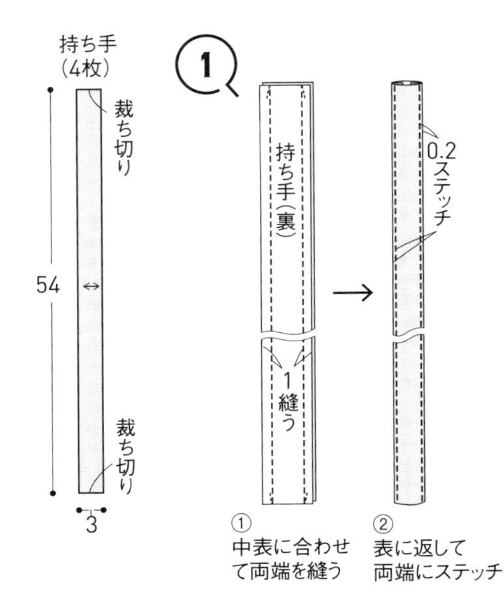

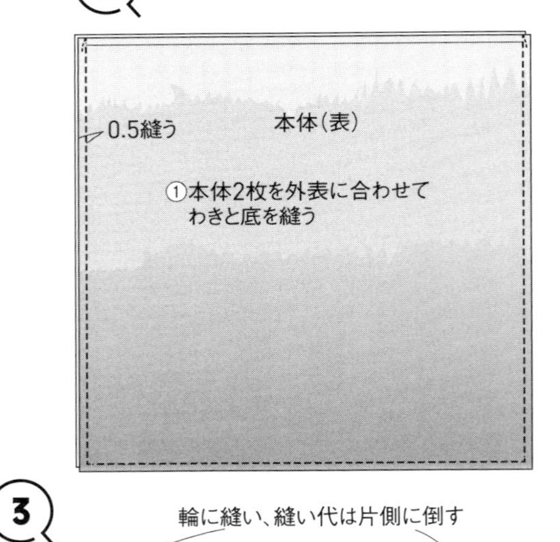

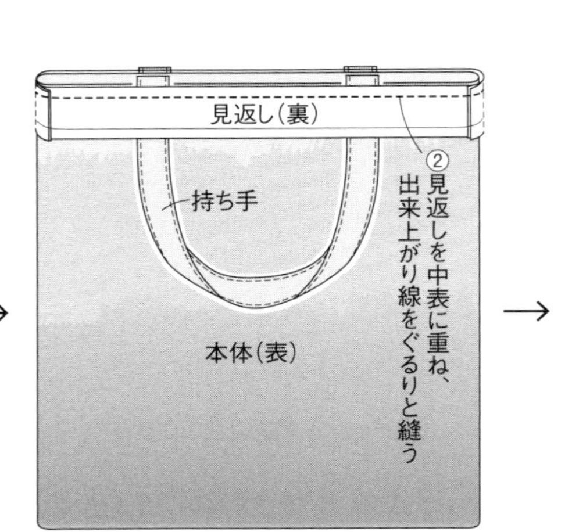

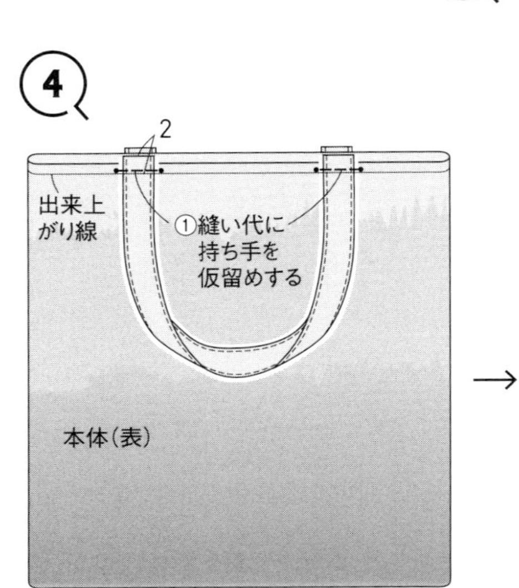

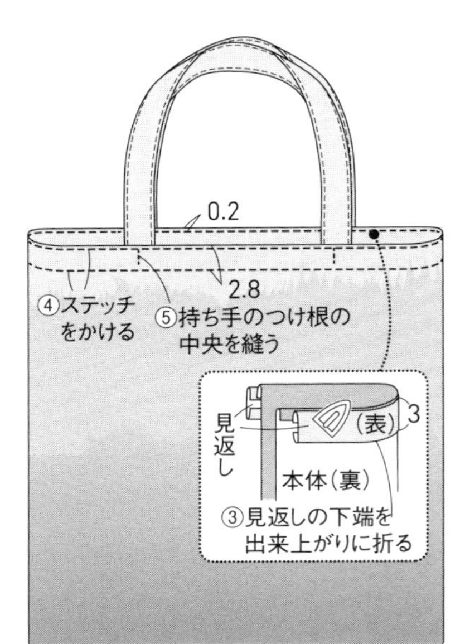

ビニールポーチ

●出来上がり寸法
大　丈21cm　口幅31cm　底まち8cm
小　丈16cm　口幅21cm　底まち5cm

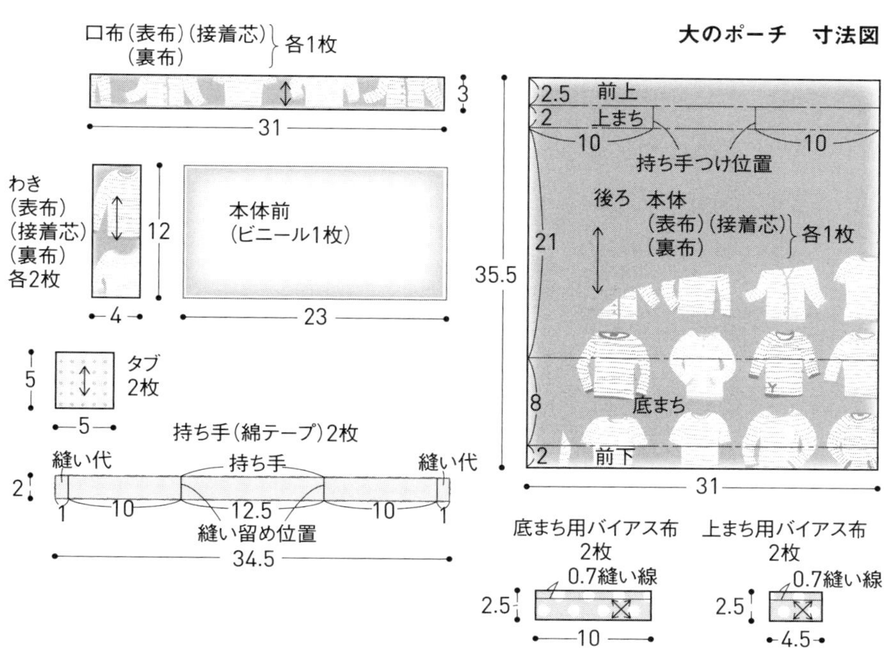

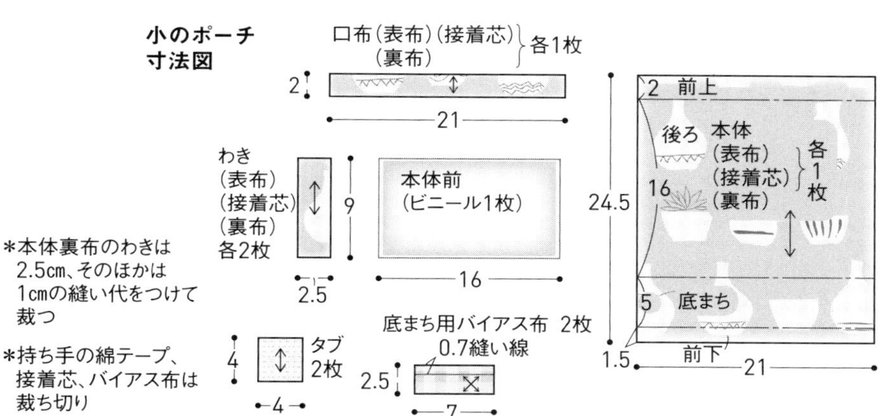

材料

大
ビニール　透明…厚さ0.1cm
25×15cm（本体前）
木綿
プリント柄…40×45cm（表本体）
ドット大…55×45cm（裏本体、まち用バイアス布）
ドット小…15×7cm（タブ）
接着芯（不織布タイプ）…35×40cm
綿テープ…2cm幅　70cm（持ち手）
ファスナー…長さ30cm　1本

小
ビニール　透明…18×11cm（本体前）
木綿
プリント柄…28×31cm（表本体）
チェック…40×31cm
（裏本体、まち用バイアス布）
ステッチ柄…12×6cm（タブ）
接着芯（不織布タイプ）…21×27cm
ファスナー…長さ20cm　1本

作り方
＊各パーツの表布の裏面に裁ち切りの接着芯をアイロンで貼る。
＊寸法図を参照して各パーツを裁つ。

大

1. 本体前にわき布を縫い合わせる
2. ファスナーと口布を縫い合わせる
3. ①と②を縫い合わせる
4. ③と本体を縫い合わせる
5. 持ち手をつける
6. タブを作る
7. 両わきを縫う
8. まちを縫う

小
上まちをつけないだけで、仕立て方は大のポーチと同じ。

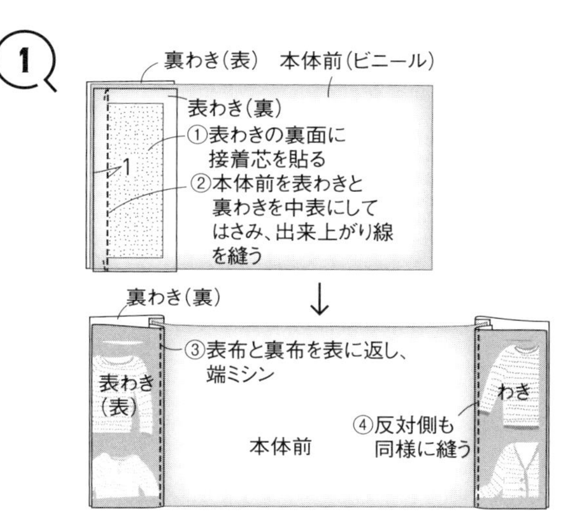

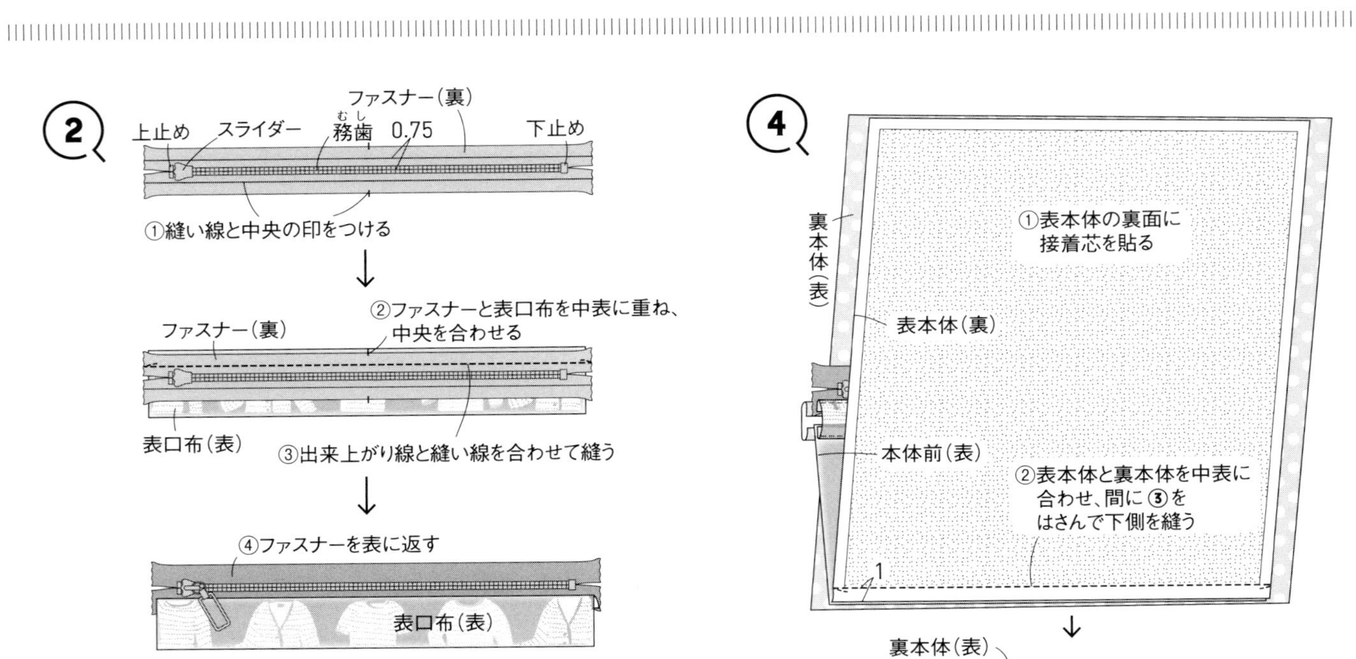
2
ファスナー（裏）
上止め
スライダー
むし
務歯
0.75
下止め
①縫い線と中央の印をつける
ファスナー（裏）
②ファスナーと表口布を中表に重ね、
中央を合わせる
表口布（表）
③出来上がり線と縫い線を合わせて縫う
④ファスナーを表に返す
表口布（表）

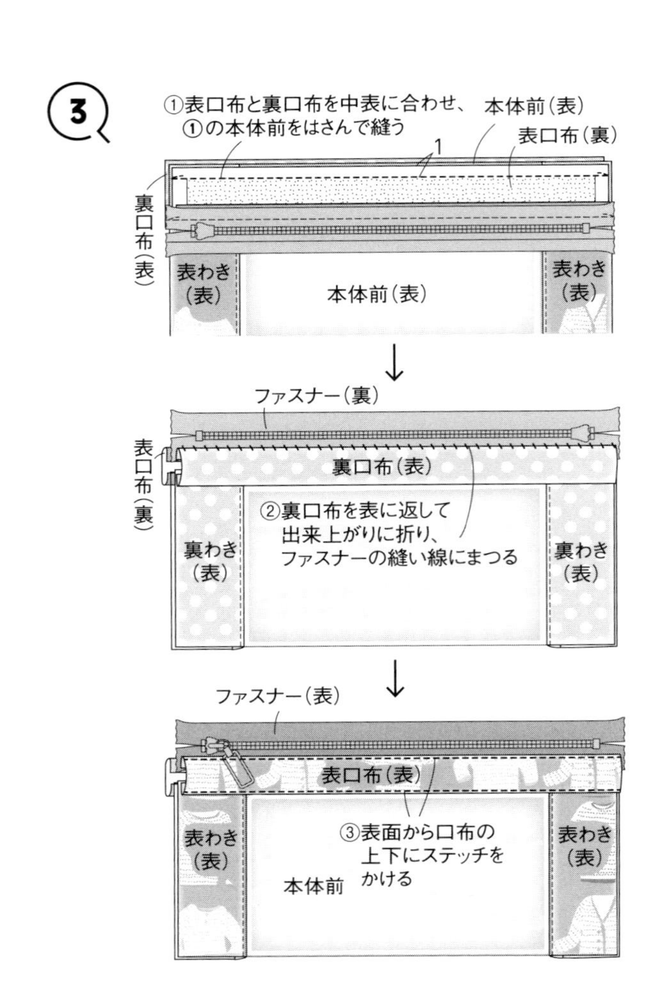
3
①表口布と裏口布を中表に合わせ、
①の本体前をはさんで縫う
本体前（表）
表口布（裏）
1
裏口布（表）
表わき（表）
本体前（表）
表わき（表）
ファスナー（裏）
表口布（裏）
裏口布（表）
②裏口布を表に返して
出来上がりに折り、
ファスナーの縫い線にまつる
裏わき（表）
裏わき（表）
ファスナー（表）
表口布（表）
表わき（表）
③表面から口布の
上下にステッチを
かける
本体前
表わき（表）

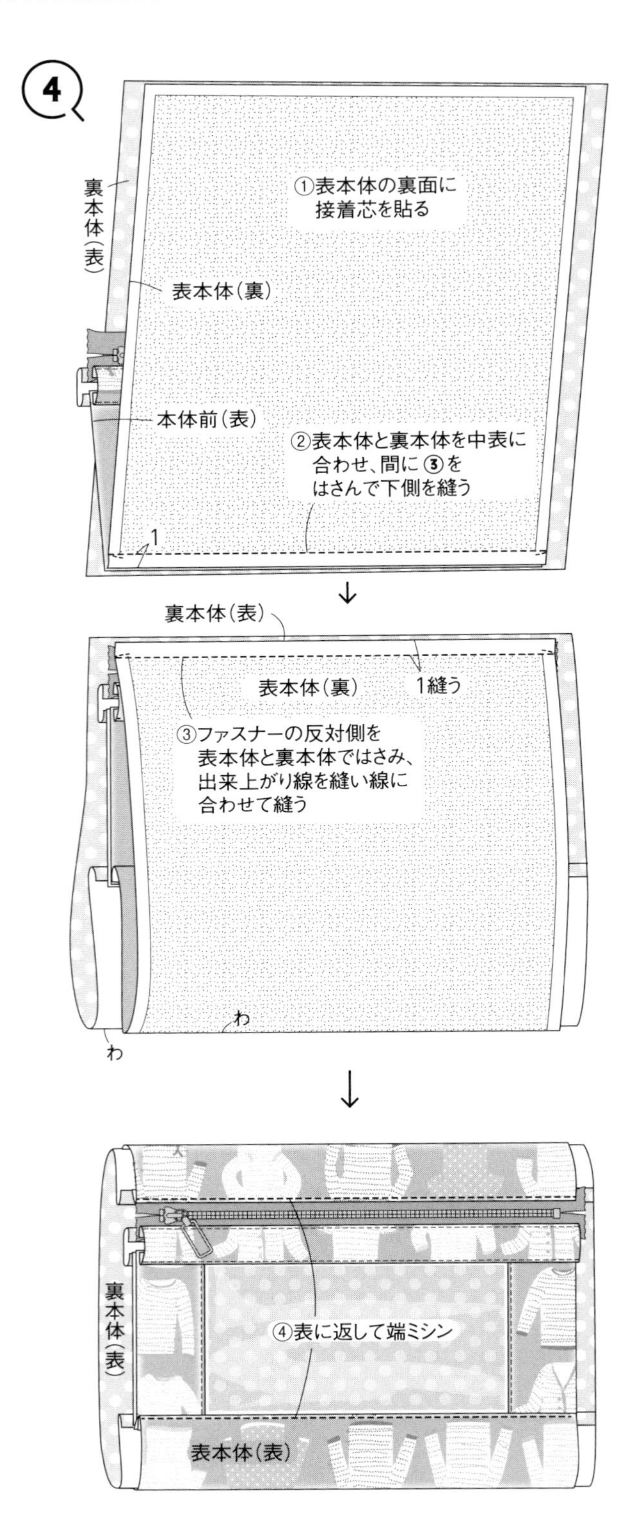
4
裏本体（表）
①表本体の裏面に
接着芯を貼る
表本体（裏）
本体前（表）
②表本体と裏本体を中表に
合わせ、間に③を
はさんで下側を縫う
1
裏本体（表）
表本体（裏）
1縫う
③ファスナーの反対側を
表本体と裏本体ではさみ、
出来上がり線を縫い線に
合わせて縫う
わ
わ
裏本体（表）
④表に返して端ミシン
表本体（表）

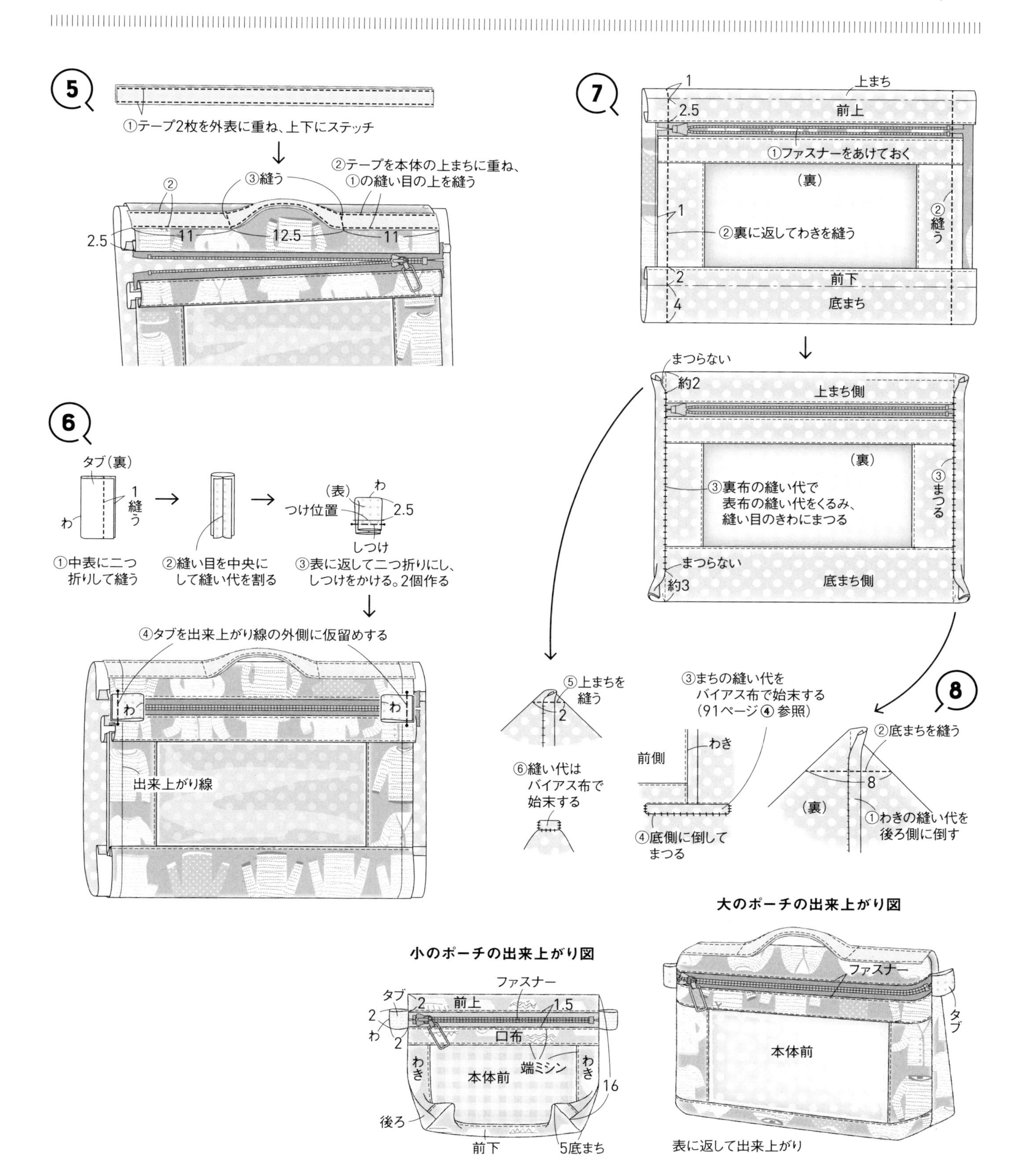
5
①テープ2枚を外表に重ね、上下にステッチ
②テープを本体の上まちに重ね、
①の縫い目の上を縫う
③縫う
②
2.5
11
12.5
11
6
タブ(裏)
1
縫う
わ
(表)
わ
つけ位置
2.5
しつけ
①中表に二つ
折りして縫う
②縫い目を中央に
して縫い代を割る
③表に返して二つ折りにし、
しつけをかける。2個作る
④タブを出来上がり線の外側に仮留めする
わ
わ
出来上がり線
7
1
上まち
2.5
前上
①ファスナーをあけておく
(裏)
1
②裏に返してわきを縫う
②
縫う
2
前下
4
底まち
まつらない
約2
上まち側
(裏)
③裏布の縫い代で
表布の縫い代をくるみ、
縫い目のきわにまつる
③
まつる
まつらない
約3
底まち側
⑤上まちを
縫う
2
⑥縫い代は
バイアス布で
始末する
③まちの縫い代を
バイアス布で始末する
(91ページ④参照)
前側
わき
④底側に倒して
まつる
8
②底まちを縫う
8
(裏)
①わきの縫い代を
後ろ側に倒す
小のポーチの出来上がり図
ファスナー
タブ
2
前上
1.5
2
わ
2
口布
わき
本体前
端ミシン
わき
16
後ろ
前下
5底まち
大のポーチの出来上がり図
ファスナー
タブ
本体前
表に返して出来上がり

ワンマイルバッグ

▶使用型紙（A面）
本体　まち・持ち手　外ポケット　内ポケット　まちポケット
＊バイアス布は寸法図と95ページの「バイアス布の作り方」を参照し、直接布を裁つ。

●出来上がり寸法（持ち手を除く）
丈20cm　口幅18cm　まち底幅10cm

材料
木綿　プリント柄…55×95cm
（表本体、表まち・持ち手、表外ポケット、表まちポケット、バイアス布）
木綿　チェック…35×95cm
（裏本体、裏まち・持ち手、裏外ポケット、内ポケット、裏まちポケット）
綿テープ…1.5cm幅　7.5cm（タブ）
プラスチックスナップボタン（ワンタッチタイプ）　アンティークゴールド…直径1.4cm　1組
隠しマグネットボタン…直径1cm　1組

作り方
＊バイアス布は寸法図を参照して直接布を裁つ。まち・持ち手をパイピングするバイアス布は、はぎ合わせて長さ95cmに用意する（p.95「バイアス布の作り方」参照）。

1. 外ポケットと内ポケットを作る
2. 内ポケットにタブをつける
3. 本体前側に隠しマグネットボタンをつける
4. 本体前・後ろの口側をパイピングで始末する
5. 本体前側に外ポケットと内ポケットを仮留めする
6. まちポケットを作る
7. まち・持ち手を作る
8. 本体とまち・持ち手を縫い合わせる

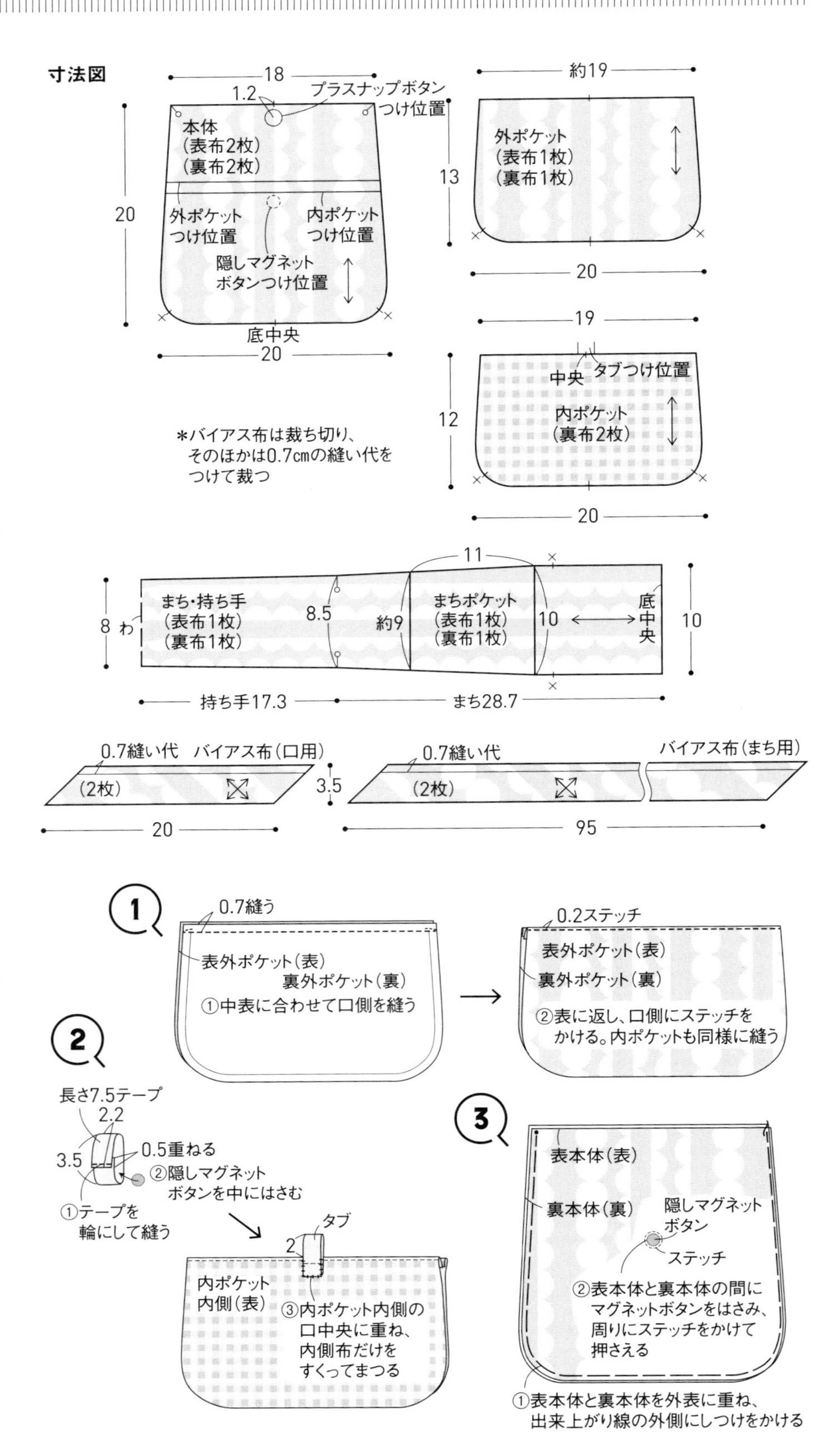

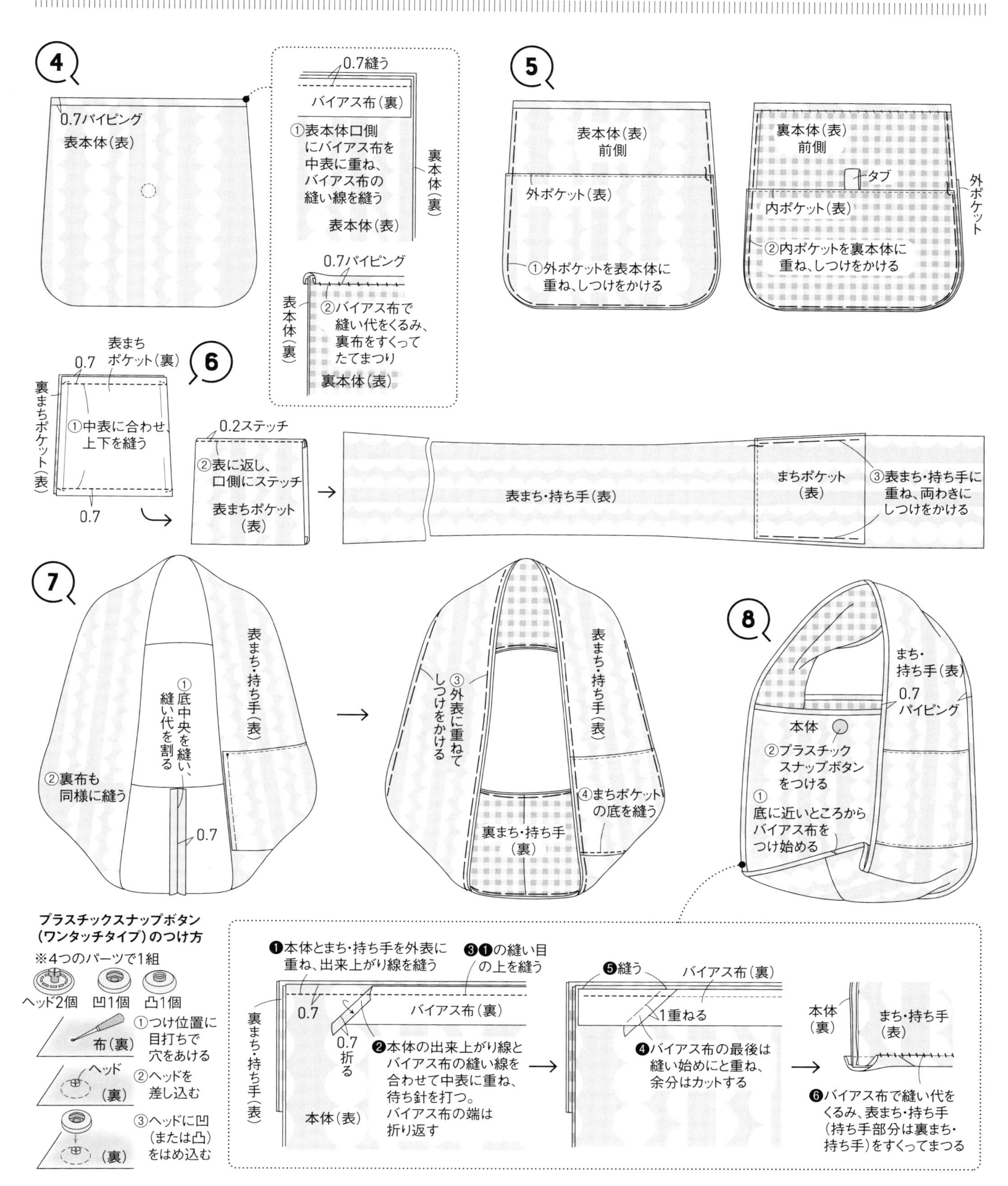
4
0.7パイピング
表本体(表)
0.7縫う
バイアス布(裏)
①表本体口側にバイアス布を中表に重ね、バイアス布の縫い線を縫う
裏本体(裏)
表本体(表)
0.7パイピング
表本体(裏)
②バイアス布で縫い代をくるみ、裏布をすくってたてまつり
裏本体(表)
5
表本体(表)
前側
外ポケット(表)
①外ポケットを表本体に重ね、しつけをかける
裏本体(表)
前側
タブ
内ポケット(表)
外ポケット
②内ポケットを裏本体に重ね、しつけをかける
6
表まち
ポケット(裏)
0.7
裏まちポケット(表)
①中表に合わせ、上下を縫う
0.7
0.2ステッチ
②表に返し、口側にステッチ
表まちポケット(表)
表まち・持ち手(表)
まちポケット(表)
③表まち・持ち手に重ね、両わきにしつけをかける
7
表まち・持ち手(表)
①底中央を縫い、縫い代を割る
②裏布も同様に縫う
0.7
表まち・持ち手(表)
③外表に重ねてしつけをかける
④まちポケットの底を縫う
裏まち・持ち手(裏)
8
まち・持ち手(表)
0.7パイピング
本体
②プラスチックスナップボタンをつける
①底に近いところからバイアス布をつけ始める
❶本体とまち・持ち手を外表に重ね、出来上がり線を縫う
❸❶の縫い目の上を縫う
0.7
バイアス布(裏)
0.7折る
❷本体の出来上がり線とバイアス布の縫い線を合わせて中表に重ね、待ち針を打つ。バイアス布の端は折り返す
裏まち・持ち手(表)
本体(表)
❺縫う
バイアス布(裏)
1重ねる
❹バイアス布の最後は縫い始めにと重ね、余分はカットする
本体(裏)
まち・持ち手(表)
❻バイアス布で縫い代をくるみ、表まち・持ち手(持ち手部分は裏まち・持ち手)をすくってまつる
プラスチックスナップボタン(ワンタッチタイプ)のつけ方
※4つのパーツで1組
ヘッド2個
凹1個
凸1個
布(裏)
①つけ位置に目打ちで穴をあける
ヘッド
(裏)
②ヘッドを差し込む
(裏)
③ヘッドに凹(または凸)をはめ込む

スクエアバッグ

▶使用型紙（D面）
本体　内ポケット

●出来上がり寸法
丈26cm　幅40cm　まち幅12cm

材料
綿麻　ボーダープリント…110cm幅　55cm
（表本体、表底、表まち、表サイドポケット、持ち手表布）
木綿　柄布…110cm幅　65cm
（裏本体、裏底、裏まち、裏サイドポケット、内ポケット、持ち手裏布）
接着芯（不織布タイプ）…90×55cm

作り方
＊まち、サイドポケット、底、持ち手は、型紙を作らずに寸法図を参照して直接布を裁つ。
＊表布の裏には裁ち切りの接着芯を貼る。

1. **サイドポケットを作る**
2. **表まちと表底を縫い合わせる**
3. **表布を袋に縫う**
4. **持ち手を作る**
5. **裏布を袋に縫う**
6. **表袋と裏袋を合わせて仕上げる**

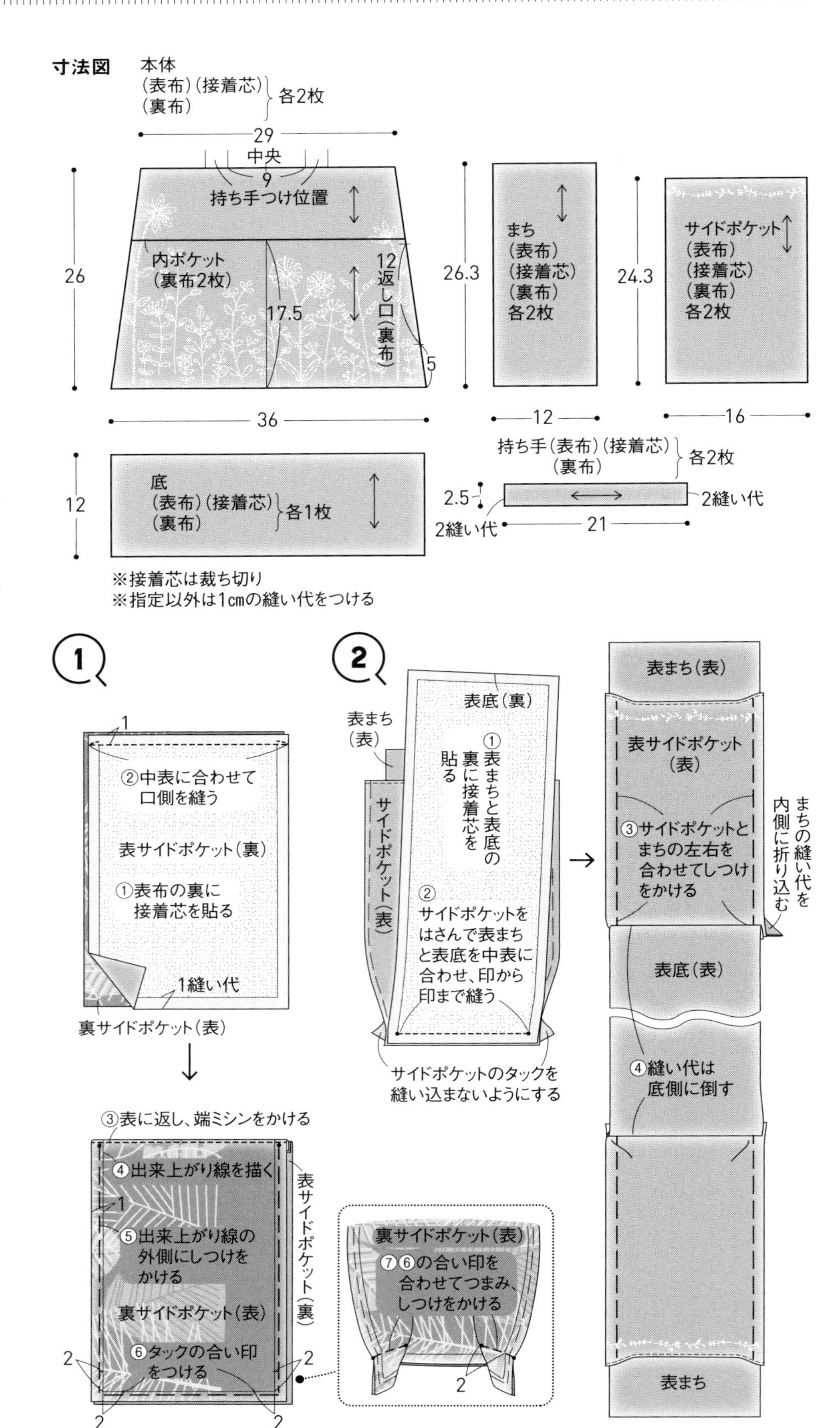

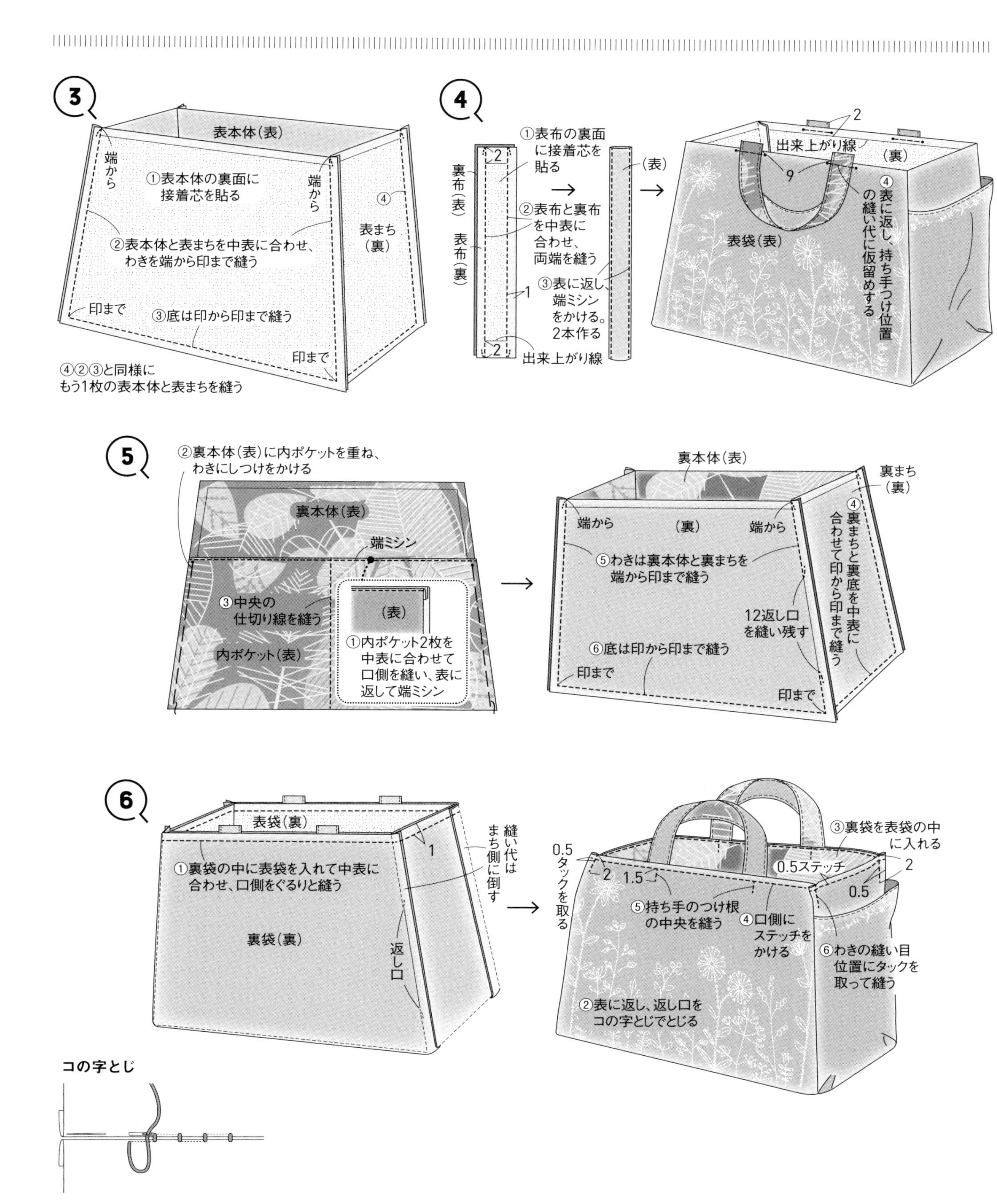

3
表本体（表）
端から
①表本体の裏面に
接着芯を貼る
端から
④
表まち
（裏）
②表本体と表まちを中表に合わせ、
わきを端から印まで縫う
印まで
③底は印から印まで縫う
印まで
④②③と同様に
もう1枚の表本体と表まちを縫う
4
①表布の裏面
に接着芯を
貼る
裏布（表）
表布（裏）
2
②表布と裏布
を中表に
合わせ、
両端を縫う
1
2
（表）
③表に返し
端ミシン
をかける。
2本作る
出来上がり線
2
出来上がり線
（裏）
9
④表に返し、持ち手つけ位置
の縫い代に仮留めする
表袋（表）
5
②裏本体（表）に内ポケットを重ね、
わきにしつけをかける
裏本体（表）
端ミシン
③中央の
仕切り線を縫う
（表）
内ポケット（表）
①内ポケット2枚を
中表に合わせて
口側を縫い、表に
返して端ミシン
裏本体（表）
裏まち
（裏）
端から
（裏）
端から
④裏まちと裏底を中表に
合わせて印から印まで縫う
⑤わきは裏本体と裏まちを
端から印まで縫う
12返し口
を縫い残す
⑥底は印から印まで縫う
印まで
印まで
6
表袋（裏）
縫い代は
まち側に倒す
1
①裏袋の中に表袋を入れて中表に
合わせ、口側をぐるりと縫う
裏袋（裏）
返し口
0.5
タックを取る
2
1.5
③裏袋を表袋の中
に入れる
0.5ステッチ
2
0.5
⑤持ち手のつけ根
の中央を縫う
④口側に
ステッチを
かける
⑥わきの縫い目
位置にタックを
取って縫う
②表に返し、返し口を
コの字とじでとじる
コの字とじ

ナイロンバッグ

▶使用型紙（A面）
本体　内ポケット

●出来がり寸法
大　幅36.5㎝　わき丈34.5㎝
　まち幅8㎝
小　幅29.5㎝　わき丈27.75㎝
　まち幅6.5㎝

材料

大
ナイロン…110㎝幅　65㎝
バイアステープ（両折りタイプ）
　黒…0.8㎝幅　140㎝

小
ナイロン…110㎝幅　50㎝
バイアステープ（両折りタイプ）
　グレー…0.8㎝幅　130㎝

作り方

＊実物大型紙と縫い代のつけ方図を参照して、各パーツを裁つ。ただし、柄に向きがある布は、柄の向きをそろえて裁つ。
＊まち用パイピング布は寸法図を参照して直接布を裁つ。

1. **内ポケットを本体につける**
2. **本体のわきと底を縫い、縫い代を始末する**
3. **持ち手を縫う**
4. **まちを縫い、縫い代を始末する**
5. **持ち手のわきと入れ口の縫い代をパイピングで始末する**

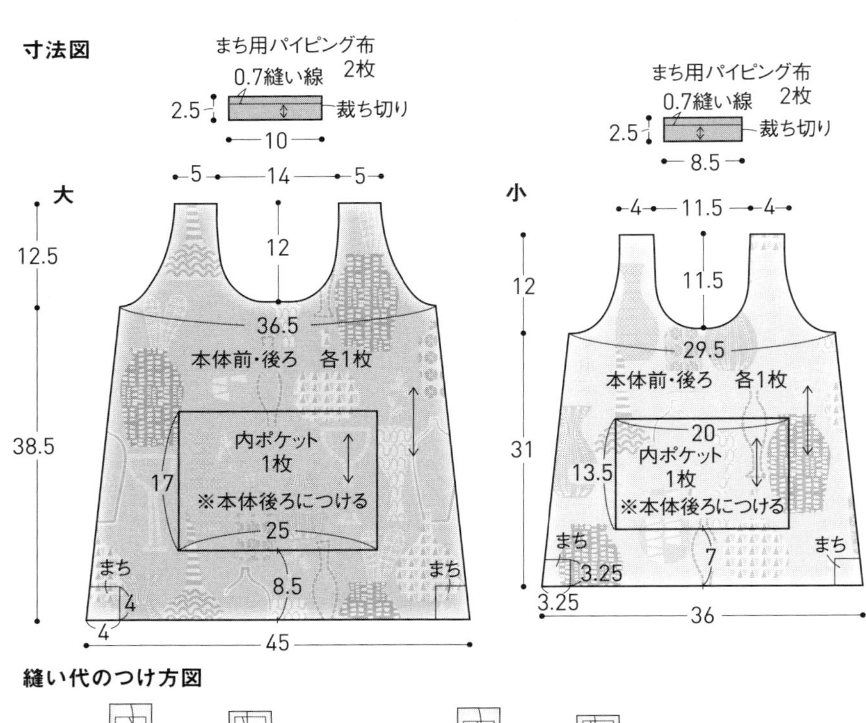

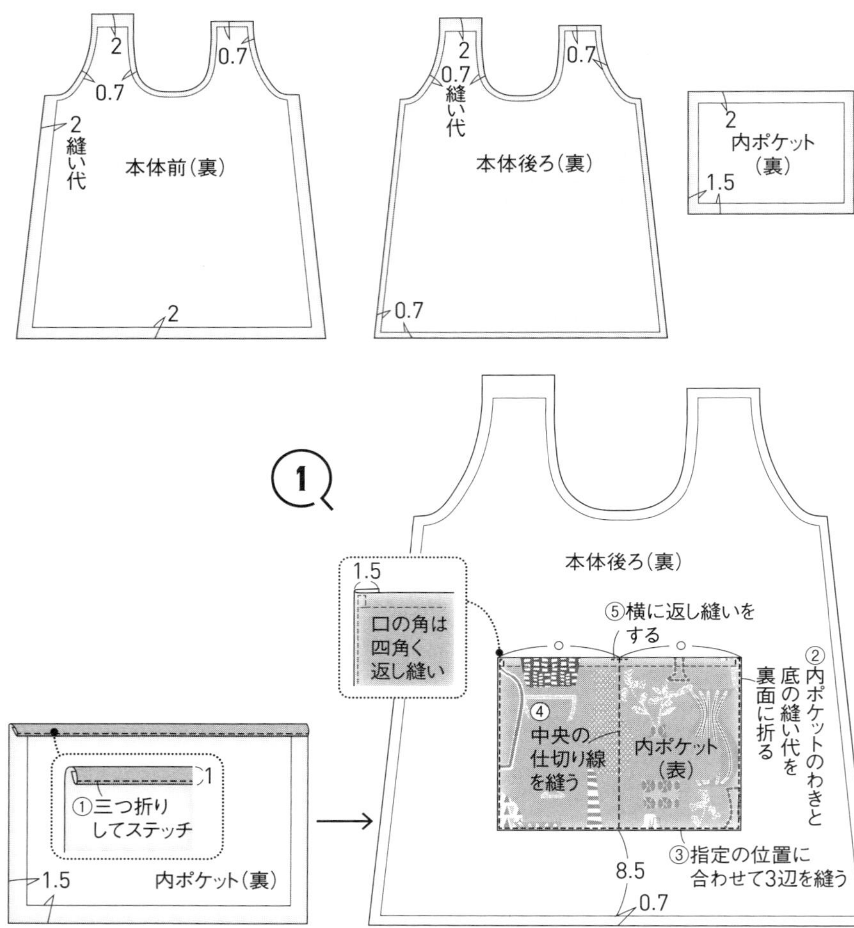

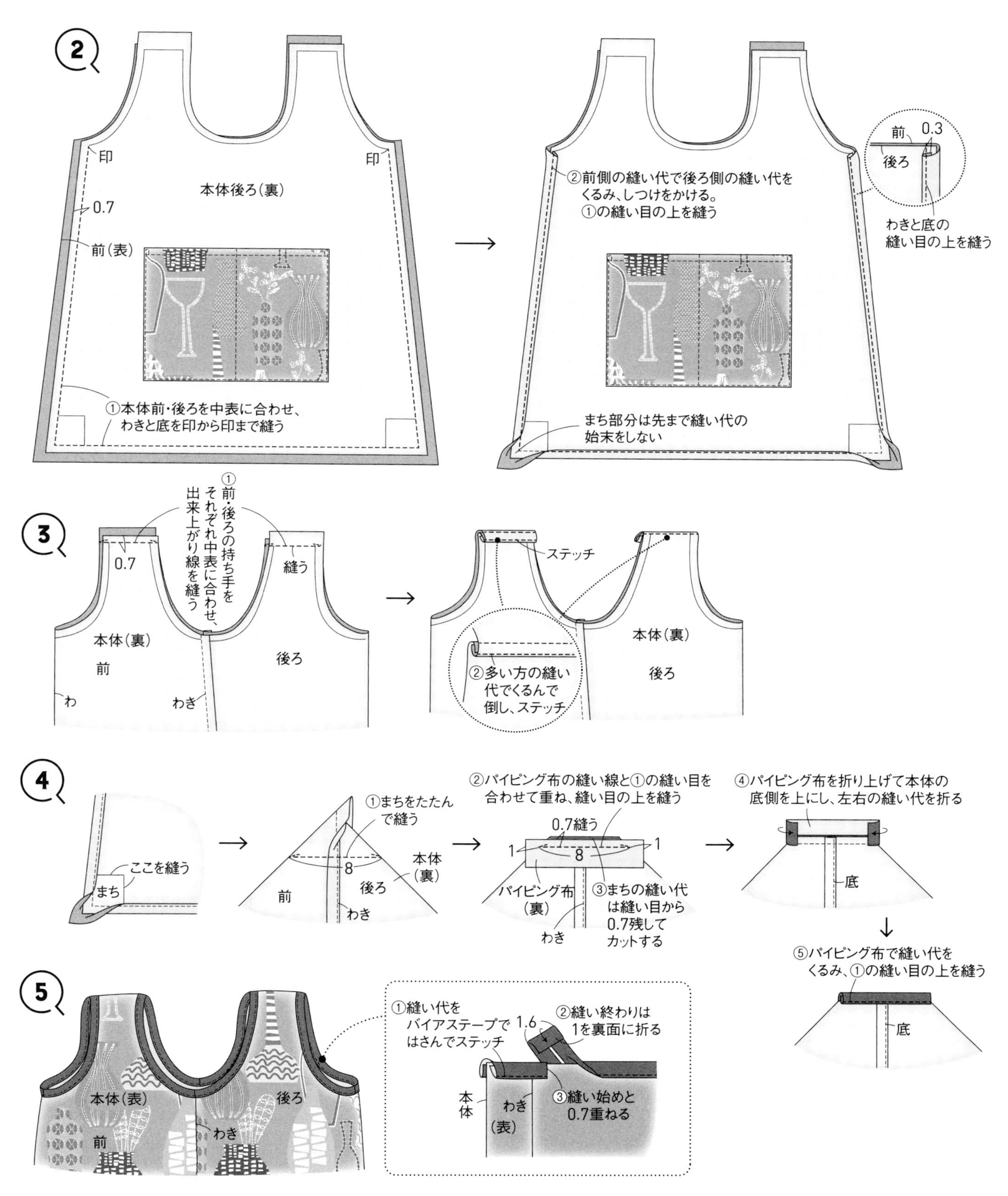
2
印
印
本体後ろ(裏)
0.7
前(表)
①本体前・後ろを中表に合わせ、
わきと底を印から印まで縫う
②前側の縫い代で後ろ側の縫い代を
くるみ、しつけをかける。
①の縫い目の上を縫う
前
0.3
後ろ
わきと底の
縫い目の上を縫う
まち部分は先まで縫い代の
始末をしない
3
①前・後ろの持ち手を
それぞれ中表に合わせ、
出来上がり線を縫う
0.7
縫う
本体(裏)
前
後ろ
わ
わき
ステッチ
②多い方の縫い
代でくるんで
倒し、ステッチ
本体(裏)
後ろ
4
ここを縫う
まち
①まちをたたん
で縫う
8
本体
(裏)
前
後ろ
わき
②パイピング布の縫い線と①の縫い目を
合わせて重ね、縫い目の上を縫う
0.7縫う
1
8
1
パイピング布
(裏)
③まちの縫い代
は縫い目から
0.7残して
カットする
わき
④パイピング布を折り上げて本体の
底側を上にし、左右の縫い代を折る
底
⑤パイピング布で縫い代を
くるみ、①の縫い目の上を縫う
底
5
本体(表)
後ろ
前
わき
①縫い代を
バイアステープで
はさんでステッチ
1.6
②縫い終わりは
1を裏面に折る
本体
わき
(表)
③縫い始めと
0.7重ねる

リュック

▶使用型紙（A面）
本体　内ポケット

● 出来上がり寸法
丈32㎝　口幅27㎝　まち幅8㎝

材料
ソフトデニム　無地…65×80㎝
（表本体、ループ、肩ひも）
木綿　柄布…70×75㎝
（裏本体、内ポケット）
麻テープ　茶色…2.5㎝幅　60㎝
（口当て）
中厚接着芯（不織布タイプ）…2×13㎝
薄手接着芯（不織布タイプ）…6×80㎝

作り方
＊ループと肩ひもは寸法図を参照して直接布を裁つ。

1. 表袋を縫う
2. 底まちを縫う
3. 裏袋を作る
4. ひも通し布を作る
5. 肩ひもを作る
6. 表袋と裏袋を合わせ、肩ひもとループを仮留めする
7. 口当てを縫い留める
8. ループと肩ひもをつける

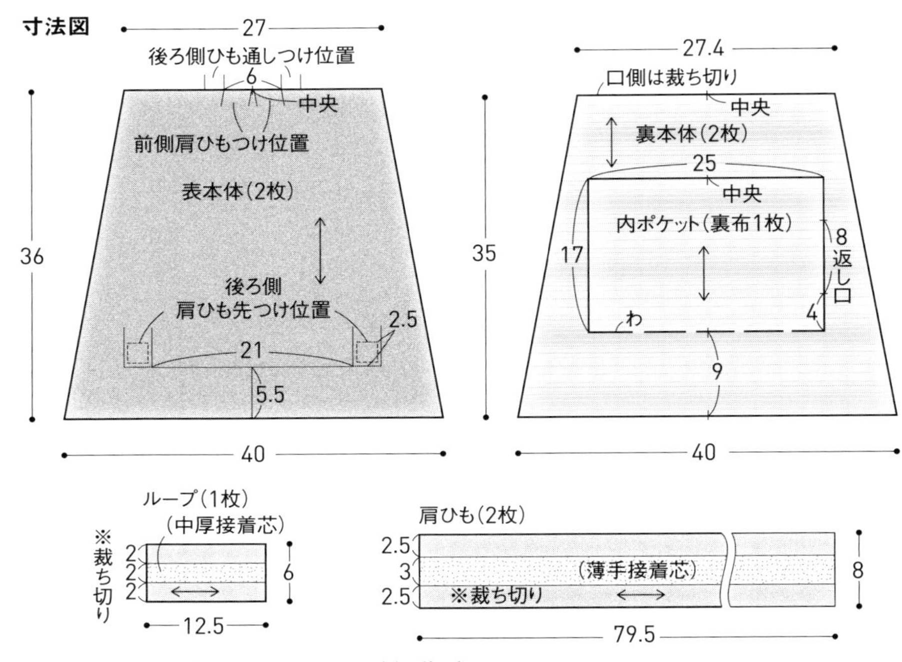

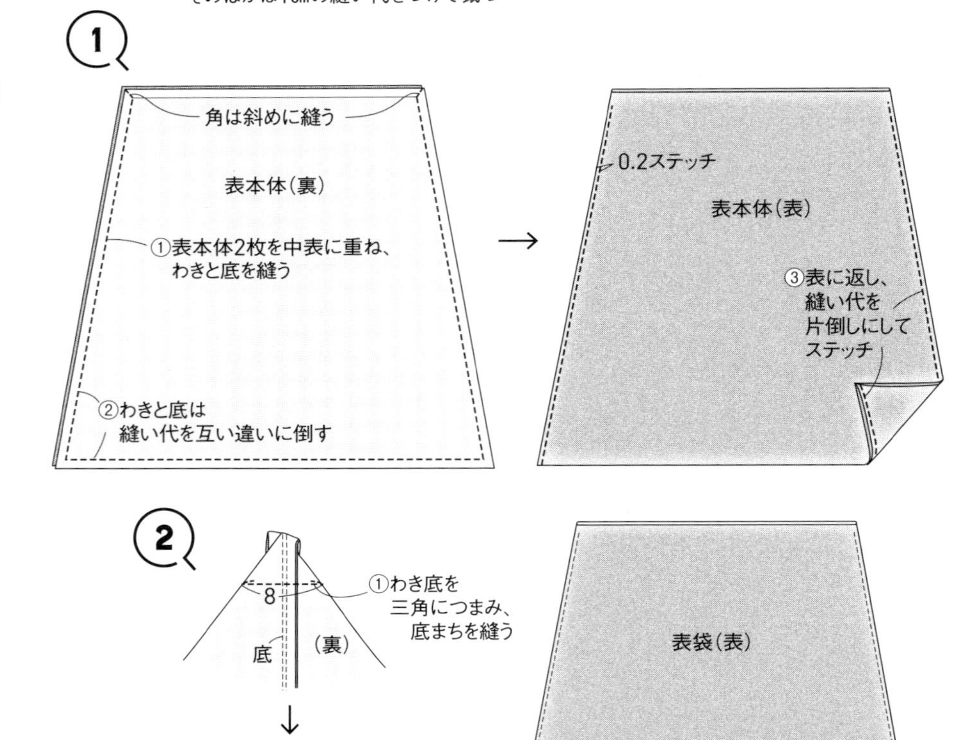

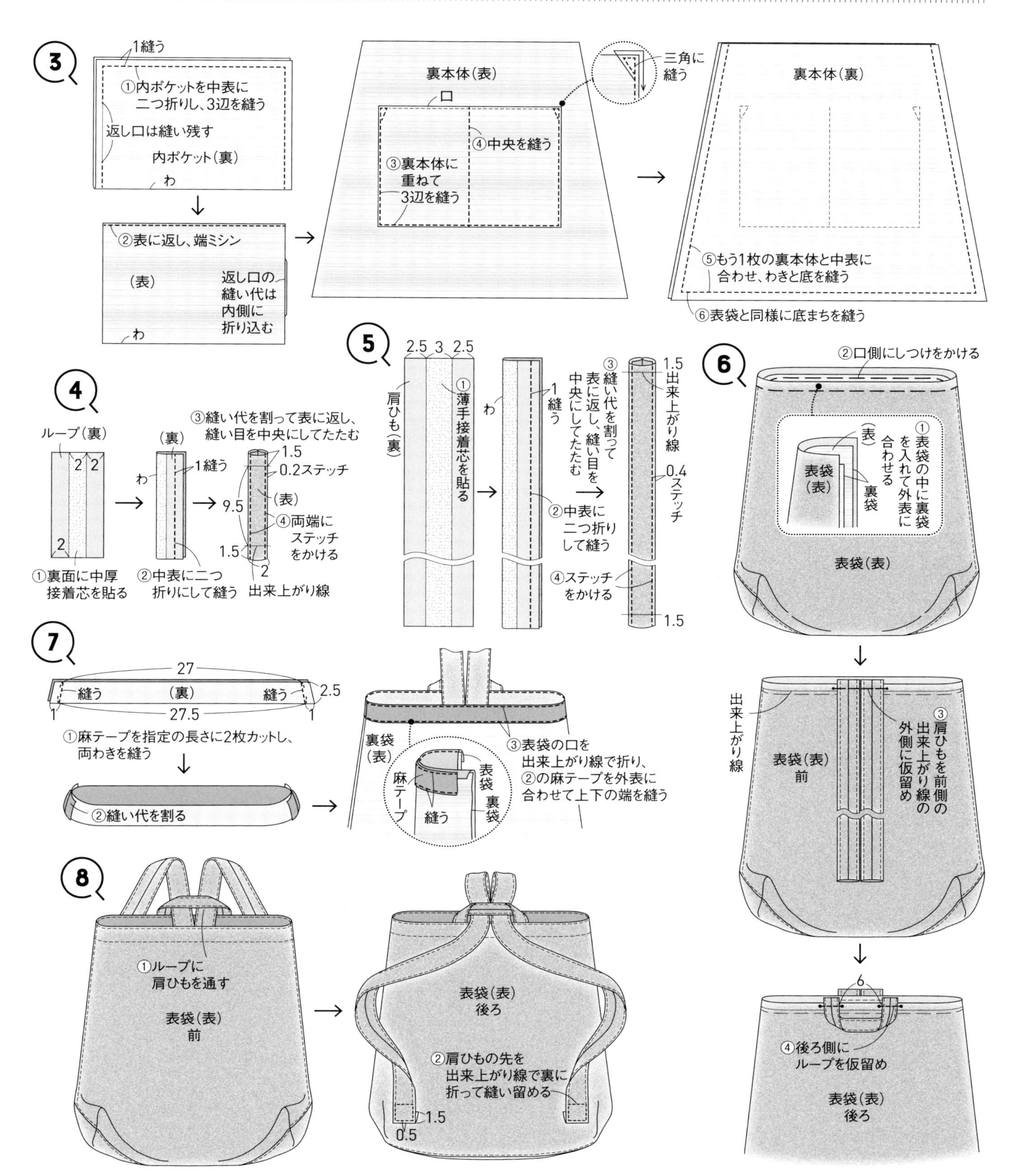
3
1縫う
①内ポケットを中表に二つ折りし、3辺を縫う
返し口は縫い残す
内ポケット（裏）
わ
②表に返し、端ミシン
（表）
返し口の縫い代は内側に折り込む
わ
裏本体（表）
口
④中央を縫う
③裏本体に重ねて3辺を縫う
三角に縫う
裏本体（裏）
⑤もう1枚の裏本体と中表に合わせ、わきと底を縫う
⑥表袋と同様に底まちを縫う
4
ループ（裏）
2 2
2
①裏面に中厚接着芯を貼る
（裏）
わ
1縫う
②中表に二つ折りにして縫う
③縫い代を割って表に返し、縫い目を中央にしてたたむ
1.5
0.2ステッチ
9.5
（表）
④両端にステッチをかける
1.5
2
出来上がり線
5
2.5 3 2.5
肩ひも（裏）
①薄手接着芯を貼る
わ
1縫う
②中表に二つ折りして縫う
③縫い代を割って表に返し、縫い目を中央にしてたたむ
1.5
出来上がり線
0.4ステッチ
④ステッチをかける
1.5
6
②口側にしつけをかける
①表袋の中に裏袋を入れて外表に合わせる
（表）
表袋（表）
裏袋
表袋（表）
出来上がり線
③肩ひもを前側の出来上がり線の外側に仮留め
表袋（表）前
6
④後ろ側にループを仮留め
表袋（表）後ろ
7
27
縫う
（裏）
縫う
2.5
1
27.5
1
①麻テープを指定の長さに2枚カットし、両わきを縫う
②縫い代を割る
裏袋（表）
麻テープ
縫う
表袋
裏袋
③表袋の口を出来上がり線で折り、②の麻テープを外表に合わせて上下の端を縫う
8
①ループに肩ひもを通す
表袋（表）前
表袋（表）後ろ
②肩ひもの先を出来上がり線で裏に折って縫い留める
1.5
0.5

がま口ポシェット

▶**使用型紙（D面）**
本体

●出来上がり寸法
丈17cm（口金の玉は含まない） 幅15cm
まち幅2cm

材料
厚手木綿　柄布…25×126cm
（表本体、肩ひも）
木綿　柄布…40×21cm（裏本体）
片面接着キルト綿…38×20cm
がま口金具（角丸縫いつけ型・玉つき）
ブラックニッケル…幅12cm　高さ5.5cm
（玉は含まない） 1個

作り方
＊肩ひもは寸法図を参照して直接布を裁つ。

1. **表本体を作る**
2. **裏本体を作る**
3. **表本体と裏本体を中表に合わせて縫う**
4. **本体に口金をつける**
5. **肩ひもを作り、つける**

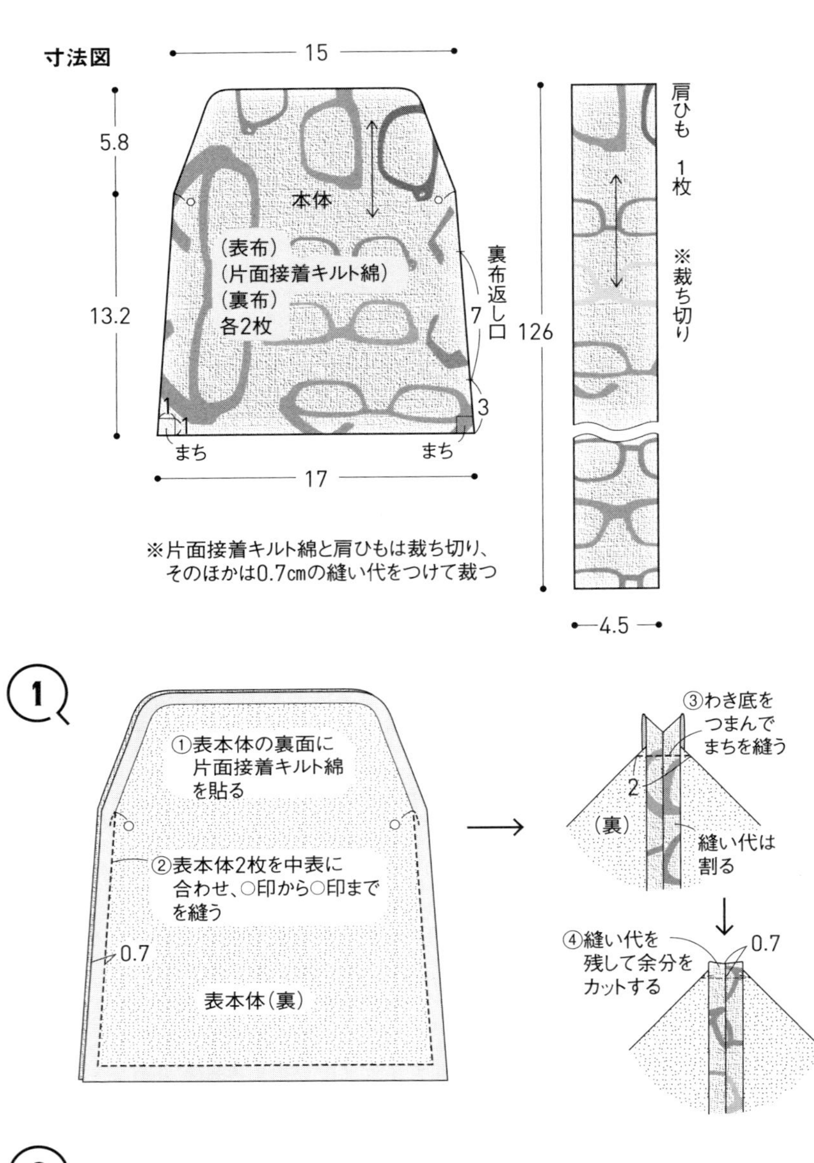

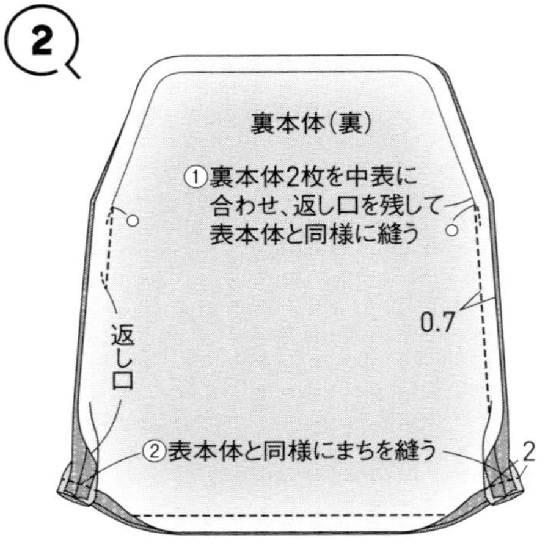

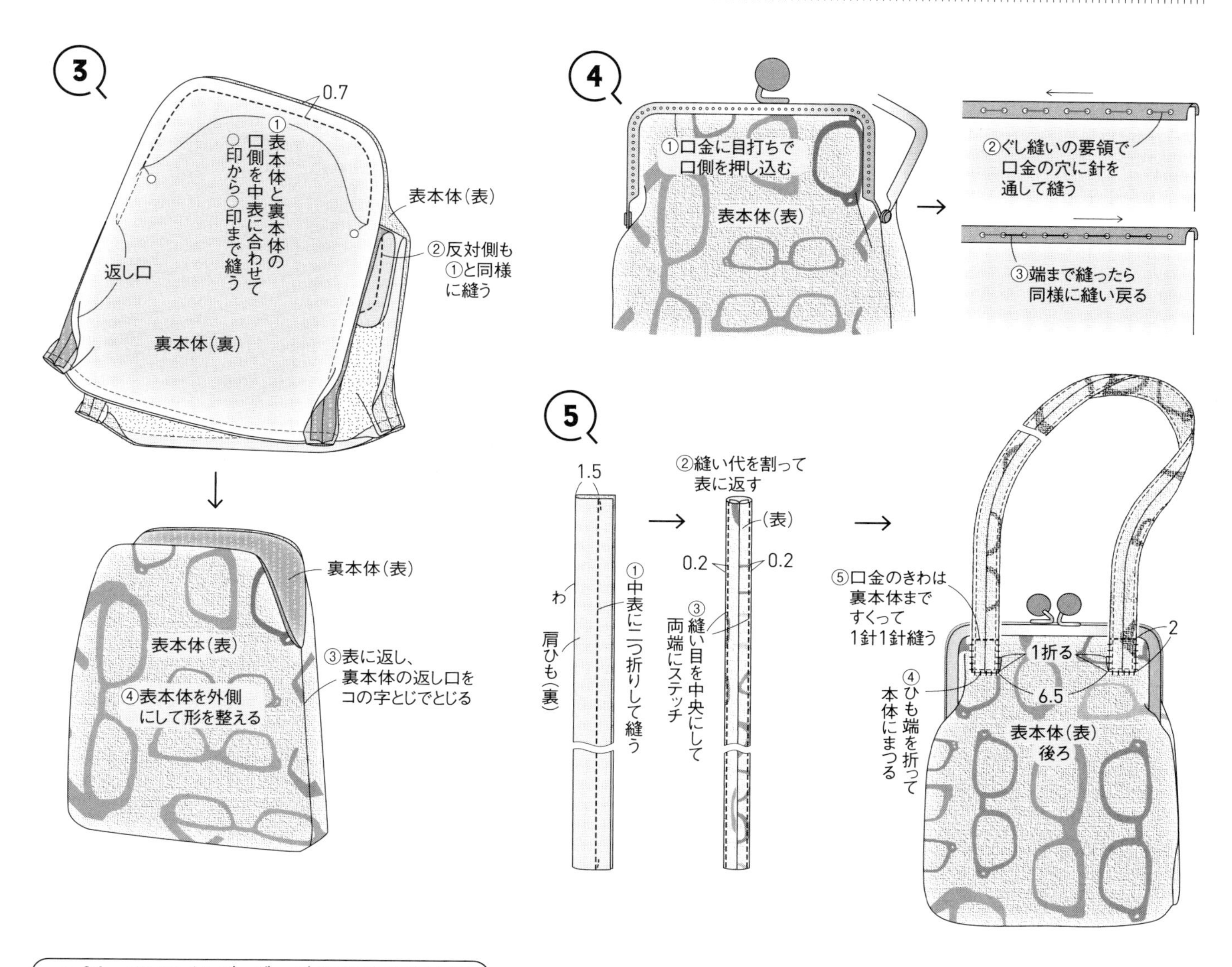

p.86　ワンマイルバッグ　バイアス布の作り方

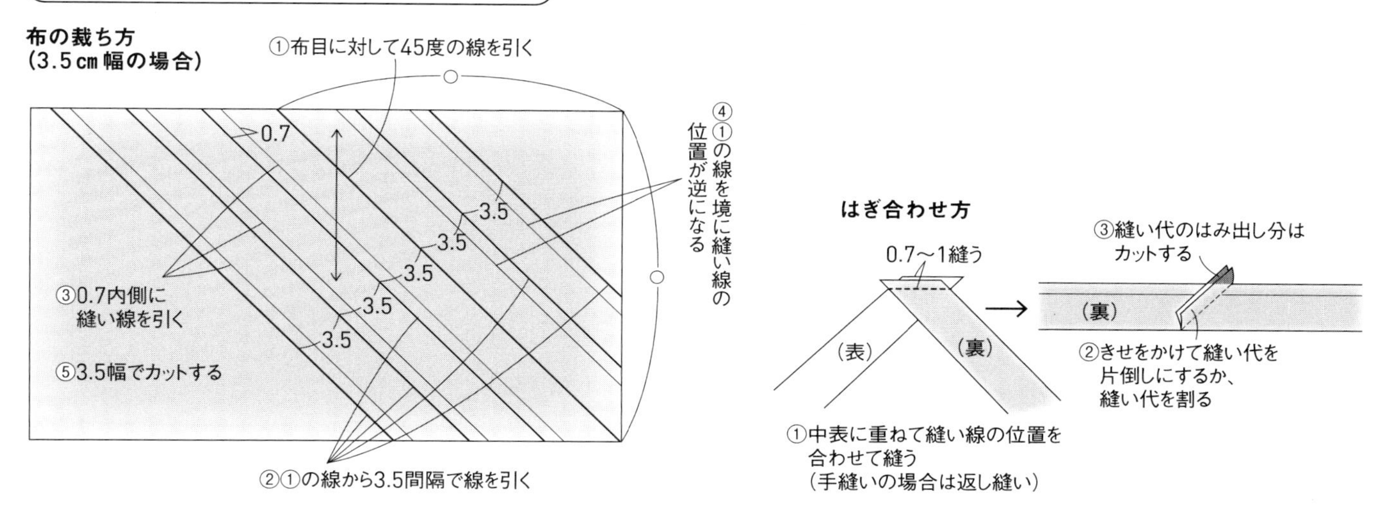

斉藤謠子
さいとう・ようこ

パッチワーク・キルト作家、布作家。洋裁、和裁を学んだ後、アメリカのアンティークキルトに興味を持ちキルトを始める。NHK「すてきにハンドメイド」をはじめ、テレビや雑誌などで作品を多数発表するほか、スクールや通信講座で講師を務め、海外でも作品展や講習会を行うなど幅広く活躍している。著書に『斉藤謠子の 私のずっと好きなもの　洋服・布バッグ・小物』『斉藤謠子のハウス大好き』（ともにNHK出版）ほか多数。

斉藤謠子キルトスクール＆ショップ
キルトパーティ（株）

〒272-0034
千葉県市川市市川1-23-2
アクティブ市川2F
TEL047-324-3277　FAX047-325-2788
https://www.quilt.co.jp

斉藤謠子の いつも心地のよい 服とバッグ

2019年１月25日　第１刷発行
2021年10月15日　第10刷発行

著者　斉藤謠子

発行者　土井成紀

発行所　NHK出版
〒150-8081　東京都渋谷区宇田川町41-1
TEL　0570-009-321（問い合わせ）
TEL　0570-000-321（注文）
ホームページ　https://www.nhk-book.co.jp
振替　00110-1-49701

印刷・製本　凸版印刷

Printed inJapan
ISBN978-4-14-031212-4 C2077

ブックデザイン　蓮尾真沙子（tri）
撮影　白井由香里（口絵）、下瀬成美（作り方）
スタイリング　池水陽子
モデル　横田美憧
ヘア＆メイク　AKI
作り方解説　奥田千香美、小島恵子、百目鬼尚子
作り方トレース　tinyeggs studio（大森裕美子）
グレーディング　小島恵子、株式会社トワル
校正　山内寛子
編集　近藤美幸、山口ゆり（NHK出版）

製作協力　山田数子

撮影協力　AWABEES　TEL03-5786-1600